FENGDIAN XIANGMU QIANQI JISHU SHIWU

风电项目
前期技术实务

中节能风力发电股份有限公司

薛文亮　刘　航　包玲玲　编著

中国电力出版社
CHINA ELECTRIC POWER PRESS

内 容 提 要

本书结合作者的项目实践经验，总结归纳了风电项目前期中的各类技术问题和解决方案，系统而全面地介绍了前期实用技术和相关知识，内容涵盖风电场宏观选址、风能资源测量和数据管理、风能资源评估、发电量估算、风机选型、微观选址，以及在风电项目前期中涉及的风电场激光雷达测风应用技术、风电项目收购前期技术注意事项、风电场风电机组功率曲线测定方法等六个专题技术。

本书可作为风电项目前期工程技术人员和管理人员的参考书籍，也适合作为高等院校相关专业的教学参考用书。

图书在版编目（CIP）数据

风电项目前期技术实务 ／ 中节能风力发电股份有限公司等编著. —北京：中国电力出版社，2021.4（2023.10重印）
ISBN 978-7-5198-4981-8

Ⅰ．①风… Ⅱ．①中… Ⅲ．①风力发电–项目管理–中国 Ⅳ．①F426.61

中国版本图书馆 CIP 数据核字（2020）第 178272 号

出版发行：中国电力出版社
地　　址：北京市东城区北京站西街 19 号（邮政编码 100005）
网　　址：http://www.cepp.sgcc.com.cn
责任编辑：王晓蕾（010-63412610）
责任校对：黄　蓓　马　宁
装帧设计：赵姗姗
责任印制：杨晓东

印　　刷：三河市航远印刷有限公司
版　　次：2021 年 4 月第一版
印　　次：2023 年 10 月北京第二次印刷
开　　本：710 毫米×1000 毫米　16 开本
印　　张：13.5
字　　数：203 千字
定　　价：68.00 元

前　言

　　自 2003 年国家发展改革委组织第一期风电特许权项目招标至今，已经过去十七年时间。这十七年里，我国的风电从"三北"地区和东部沿海发展到南方山地、中东部平原和海上，装机容量也由 2003 年 50 万 kW 增至 2018 年底的 2.1 亿 kW。风电行业经历了飞速的发展，相关技术也实现了飞跃式发展。

　　我国风电发展初期，风电项目主要集中在风资源好、地形简单、建设条件好的"三北"地区和东部沿海区域，期间引进了国外的风电机组技术、相关技术标准、风资源评估方法等，这一时期的特点是技术引进；2011～2015 年"三北"地区限电，在一段时期内限制了风电的发展速度，但同时将风电开发方向引向了南方山地、中东部平原和海上，这种方向性的转变使得我国风电技术获得质的提升，主要表现在低风速、超低风速风电机组技术、雷达测风技术、CFD 模拟技术、中尺度技术、高塔筒技术开始逐渐应用；经过"十三五"期间的发展，我国风电相关技术逐渐完善，并趋于成熟。

　　本书着重实践归纳，结合风电行业近十年来项目前期技术的发展过程，总结了笔者十年工作中遇到的各类前期技术问题和解决方案，形成技术积淀，为风电行业未来发展提供参考和借鉴，同时也可作为风电项目前期技术人员的参考书籍。由于风电项目前期技术更新较快，本书介绍的相关技术和统计数据截至 2018 年底。

　　本书第 1～6 章主要介绍了风电项目前期技术，其中第 1～3 章介绍了风电场宏观选址、风能资源测量和数据管理、风能资源评估三个前期工作步骤。第 4～6 章介绍了发电量估算、风机选型、微观选址三个工作步骤。

第 7~12 章为实用专题技术，包括风电场激光雷达测风应用技术、风电项目收购前期技术注意事项、我国中东部地区风资源特点和高塔筒技术的优势、风电场发电量后评估、风电场风电机组功率曲线测定方法、过程理论在复杂地形风电项目前期管理中的应用。这些专题由于超出了前期项目评估的范畴，但都属于近几年项目前期工作需要掌握的内容，因此以专题的形式表述，能够更为综合和清晰的论述。

本书第 1、2、6 章由包玲玲编著，第 3、7 章由刘航编著，第 4、5、8~12 章由薛文亮编著。在此感谢浙江运达风电股份有限公司的申新贺对本书进行校审。

由于作者水平有限，存在的不妥和错误之处，恳请读者批评指正。

编著者

2020 年 11 月

目 录 《

第 1 章
风电场宏观选址

宏观选址旨在一个较大范围内选择出一块适合开发风电项目的区域。国家发展改革委于 2003 年 9 月 30 日发布了《风电场场址选择技术规定》（发改能源〔2003〕1403 号），用以指导我国风电项目开发工作。该技术规定对我国早期的风电项目开发起到了积极的指导作用，随着我国风电的快速发展，以往的技术规定不能完全适合现在的风电项目开发工作。本书主要针对近些年风电项目特点来介绍宏观选址技术。

1.1 宏观选址的基本原则

1.1.1 风能资源条件好

风能资源条件好主要指年平均风速高，风功率密度大，风向稳定，风频较好，风资源可利用时间长。

《风电场风能资源评估方法》（GB/T 18710—2002）中对风能资源的优劣进行了等级划分，能很好地说明风资源条件好坏，此处不再赘述。本书着重论述两个特殊的风资源特点。

1. 风频好坏对项目发电量的影响

图 1-1 为哈密某项目的风频分布图，该项目年平均风速近 10m/s，虽然年平均风速较高，风功率密度也很大，但是 0～5m/s 和 20m/s 以上的风速频率较高，风频较差，因此，发电量不高，宏观选址时不要忽略风频因素。

图 1-2 为四川某项目风频分布图，场址海拔 900m，90m 高度年平均风速为 5.5m/s，风功率密度为 255W/m²。年平均风速和风功率密度在低风速风

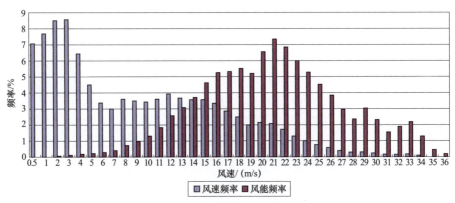

图 1-1　哈密某项目风频分布图

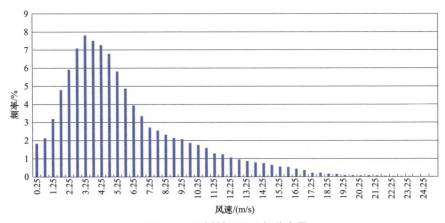

图 1-2　四川某项目风频分布图

场中属于相对较好的，但风频较差，5～10m/s 风速段风频较低，致使该项目发电量低于同风速和风功率密度的项目。

　　从以上两个项目可以看出风频分布对发电量的影响不容忽视，在风频较差的区域，宏观选址时要提前预判到场址的发电量会低于预期。

2. 大切变地区的风资源优势

　　近年来，随着高塔筒技术的成熟，大切变项目备受关注，尤其在我国的中东部地区，虽然 90m 高度的风资源较差，但由于风切变大的原因，120m 或

140m 高度的风资源较好，因此风资源优劣也是相对的，不能一概而论，应该全面掌握项目的特点后科学评估项目风资源的好坏。表 1-1 为山东某项目不同高度年平均风速和风功率密度表，从表 1-1 中可以看出，90m 高度风资源一般，但 120m 高度风资源要好很多，采用目前主流低风速风电机组 2.5MW-140，年等效满发小时数超过 2700h。

表 1-1　　　　山东某项目不同高度年平均风速和风功率密度表

测风高度/m	120	90	50	30
年平均风速/（m/s）	5.90	5.40	4.24	3.51
风功率密度/（W/m²）	239.9	177.8	87.8	54.7

1.1.2　地形简单、地质灾害少、进场条件好

地形简单、地质灾害少、进场条件好都可以极大地降低项目的工程造价，提高项目的收益水平。在项目开发竞争态势异常严峻的今天，复杂的地形、地质灾害的影响以及恶劣的进场条件已经无法完全规避，宏观选址阶段提出这个原则，是让我们在选址时就应考虑这些因素带来的影响。

1. 地形

地形复杂不仅造成工程建设难度大，投资增加，同时场区内的流场也会变得复杂，增加风资源评估的难度。因此地形复杂地区项目，风资源也非常复杂，项目风险大，这类项目后期一定要加大测风工作的深度，尽量多的安装测风塔。

2. 地质灾害

地质灾害会对风场建设期带来严重影响。在施工期，有些南方山区雨季

较长，容易造成滑坡、泥石流等地质灾害，阻断道路，影响工期。对于地质灾害频发区域，项目开工前要加强对当地水文气象条件的调研，做好排水措施，提前做好应急预案。

3. 进场条件

我国"三北"地区和江苏沿海项目进场条件都比较好，而南方山地项目，机位点往往都在山顶上，同时山区高标准的道路也比较少，给风电机组进场带来极大的挑战。"十二五"初期南方山地项目解决进场问题的方案是工程措施，通过改造和拓宽道路以满足风电机组进场要求，但造成工程投资的增加，使得许多项目无法满足收益要求。在云南，有些项目进场道路改造费用甚至占工程总投资达到 10%。近年来随着特种运输车的出现（见图 1-3），极大地降低了进场道路改造费用，降低了建设投资，也使许多山地项目得以实施。

图 1-3 叶片特种运输车

1.1.3 影响风电机组运行安全的因素少

影响风电机组运行安全的因素主要有大湍流、冰冻、雷暴、台风、盐雾等。

1. 大湍流

大湍流对风电机组的安全和发电量都有较大的影响，许多地形复杂的风电场有些机位湍流特别大，造成风机频繁因湍流过大，振动停机，因此地形复杂地区的项目，风电机组招标时一定要求主机厂详细计算机组载荷，是否满足安全要求，提出相应的解决方案。

2. 冰冻

冰冻在湖北、湖南、贵州的高海拔区域冬、春季比较严重，会造成叶片结冰，风机停机，严重者会造成叶片损坏。这些省份的高海拔地区冰冻损失折减往往在 5%以上，发电量评估时一定予以重视，不仅需评估测风年冰冻情况，还需要调研周边风场或山区气象站的多年冰冻情况，这些山地项目风机选型时厂家会提出多种防冰冻措施，但都不能有效地解决该问题。

3. 雷暴

雷暴多的地区建设风电场时一定要收集当地气象部门的雷暴资料，并严格按规范做好相关设计，尽可能减少雷暴对风电机组的损坏。

4. 台风

台风是一种比较复杂的天气现象。目前我国对台风的精确量化研究还较少，只是停留在相对粗的研究上，这给风机选型带来极大挑战。选择偏保守时会造成发电量偏低，而选择偏激进时会影响机组安全，尤其在广东的海上风场，风资源一般，100m 高度的年平均风速在 7.5m/s 左右，但由于受到台风影响，只能选择 I 类风机，甚至 I 类风机也不能确保安全，这时会造成发电量偏低。江苏的海上风资源没有广东丰富，但受台风影响较小，可以选用 Ⅱ 类或Ⅲ类机组，发电量反而较好。除了台风造成项目 50 年一遇最大风速偏高，导致风机选型困难外，台风的特性对机组的安全也带来严重挑战，目前我国在广东、福建沿海投产的项目还比较少，台风对风电机组的影响程度还需要时间来检验。

5. 盐雾

盐雾对风电场的影响主要是盐雾腐蚀对电气设备和风电机组的影响，尤其是海上风电场盐雾腐蚀较严重，主要采取的防腐办法是采用密封机舱，同时采用高标准的防腐措施进行防腐。

在风电项目开发初期，宏观选址需尽可能地避开这些因素，但随着风电竞争加剧，虽然有影响风电场安全的因素存在，但这些区域也在大力发展风电，我们需要做的是科学评估这些自然灾害对风电机组安全和发电量造成的影响，并采取相应的技术方案尽可能降低自然灾害对风电场的影响。

1.1.4　电网接入条件好

风资源条件好的地区，往往远离负荷中心，因此"三北"地区大部分风电项目的接入距离都较长，一般的 110kV 或 220kV 的送出距离都在 20km 以上，本书中所提的电网接入条件好，考虑更多的是周围有合适的升压站和间隔供风电项目接入。随着风电项目开发竞争加剧，电网接入越发困难，许多项目核准后几年无法取得接入系统批复，或者是即使并网了，但送出条件较差，导致项目限电，因此在宏观选址时尽量选择周围接入点比较多的场址，方便项目接入。"三北"地区有些项目接入条件较差，一个 5 万 kW 项目需要背负 100km 的 220kV 送出线路，严重影响项目的收益。有些开发商为了尽快取得项目并网自建330kV 或 500kV 汇集站解决风电送出，工程投

资增大。

"十二五"之前,我国的风电场主要集中在"三北"地区,影响风电场建设的颠覆性因素较少,随着风电开发向南方和中东部转移,风电场与人类活动范围基本重合,因此,风电场建设对人类和自然环境的影响不容忽视。颠覆性因素包括基本农田、保护区、生态红线、国家级公益林、重要矿藏、重要水源保护地、军事敏感区等。宏观选址阶段最好避开这些颠覆性因素,这些颠覆性因素复核不清,轻者影响后期工程建设周期,重者建成后需要拆除恢复。国内诸如此类的案例较多,在此不再赘述。如果场址无法避开这些颠覆性因素也应该在宏观选址时尽可能地复核清楚,做到心中有数,以便在前期工作中择机进行规划调整。

上述主要是陆上风场的选址要求,海上风电场宏观选址除了考虑风资源、地质条件、电网接入外,更要考虑军事、海洋、海事、码头等条件,由于海上风电场一般都要经过缜密的规划,规划时会考虑宏观选址的所有因素,在此不再赘述。

1.2　宏观选址的程序

早期宏观选址缺乏相应的技术手段和工具,基本靠一些经验,因此宏观选址也谈不上工作程序。随着地理信息技术、中尺度数据技术在宏观选址工作中的应用,宏观选址也从经验性逐渐走向科学性。本书提出了一种宏观选址程序,将宏观选址分为内业分析和外业复核两部分。

内业分析是在充分利用各种技术手段和信息的基础上，通过技术加工，制订出宏观选址初步方案，该方案包括确定项目的初步位置、拐点坐标、场址面积、当地主导风向、初步装机容量、地形地貌、周边道路、需要踏勘的点位等信息。

　　外业复核是逐个落实内业分析的信息，形成最终的选址方案。

1.2.1　内业分析

1. 确定拟选区域风资源是否具有测风价值

　　在风电发展过程中风资源判别有许多方法，主要包括地形地貌判别等半经验法、气象资料分析法、中尺度模拟法等，这些方法也能显示出风电前期技术的发展过程，但都有一定的局限性，本书在总结上述方法基础上提出一种综合分析法。

　　（1）地形、地貌判断等半经验法。地形地貌判别法可用来对缺少现场数据场址的风能资源进行初步评估。可采用 1:50 000 地形图，或者采用三维影像地图对风资源进行初步判断。这属于早期的宏观选址方法，只能判定风资源较好的场址，针对目前的低风速和超低风速项目基本不适用。

　　（2）气象站资料分析法。气象站资料分析法是用气象站资料来初步评估当地的风资源状况，在"三北"地区和沿海地区气象站和风电场场址的地形、地貌条件差异不大，气象站资料有一定的参考性。气象站资料应收集当地气象站近 30 年年平均风速、历年平均气温、历年平均气压、历年平均水气压等资料。在南方山地或地形起伏较大的场址，由于气象站大都在县城附近，气象站气象条件与拟选风电场场址的气象条件差异很大，气象站资料无法反映出这些地区场址的风资源特点。

　　（3）中尺度数据模拟法。2011 年中尺度数据技术开始引入国内，中尺度

数据的优势是能够查询全球各点的风资源状况，方便、简单，易于操作，但精度相对较低。

（4）综合分析法。本书在总结以往方法的基础上，主要考虑已投运风电场、备案风电项目和测风信息，同时结合中尺度数据，提出了一种综合分析法来评估拟选区域的风资源水平。

依据周围风场、备案项目、测风信息和中尺度数据，选择地形地貌条件和海拔与已开发项目相近的区域作为拟选区域，拟选区域风资源的判断采用推算法，推算法见式（1−1）。

$$V_{拟选区域实测值估算}=V_{周边区域风场实测}+(V_{拟选区域中尺度数据结果}-V_{周边区域风场中尺度数据结果})$$

（1−1）

2. 宏观选址初步方案拟定

利用三维影像地图或地形图分析拟选区域周边的地形地貌、道路情况，选择海拔相对较高、地形相对简单、周边交通便利，且具备一定规模的区域作为宏观选址的初步方案，标出拐点坐标。依据中尺度数据或现场获取的资料确定当地的主导风向，依据主流风电机组，按垂直于主风向（3～5）D（D指风机叶轮直径）间距，平行于主风向山地（5～8）D，平原（8～10）D原则排布风电机组，初步确定风场容量。装机容量以初步确定风场容量×80%的原则确定，考虑20%的安全余量。

3. 外业考察准备

根据场址的形状和地形地貌条件，选定几个有代表性的点位作为现场考察点，考察点应位于场址的中部，海拔基本为场址的平均海拔，选定考察点时除了要收集点位坐标外，需要在三维影像地图或地形图中查找出点位的周边村庄、明显的参照物、道路，保证现场复核时能快速到达点位，提高工作效率。

1.2.2　外业复核

（1）与当地发展改革部门确定拟选区域是否有开发主体，以确定是否能在当地开展前期工作。

（2）到当地国土部门查询拟选场址的压覆矿、土地性质，向当地的环保部门了解拟选场址的自然保护区、生态红线、国家级景区等。到当地林业部门了解场址内林地属性。该部分内容很大程度上影响项目成败，需要严格按要求开展工作。

（3）到当地电网公司了解场址附近 110kV 及以上升压站的分布情况及升压站规划情况，到就近的升压站了解间隔预留情况，收集升压站坐标，确定升压站与场址的距离。

（4）依据内业分析中确定的考察点对场址进行实地考察，着重了解场址周边道路，查看沿途道路的转弯半径、村庄分布、桥梁、涵洞等，同时了解场址的地形地貌情况，是否与内业分析的结论符合。

外业复核工作建议按照项目外业复核工作表（见表 1-2）内容要求进行。

表 1-2　　　　　　　　　项目外业复核工作表

项目负责人：　　　　　　　　　　　　　　　　　　　　　年　　月　　日

项目名称		
基本信息	项目所在地	
	项目规划容量	
	规划面积/km²	
风资源概况	平均风速/（m/s）	
	主风向	

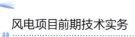

续表

项目名称		
接入条件	周围110kV以上升压站名称	
	场址与升压站距离/km	
前期重点调研因素	土地性质	（附土地性质查询图）
	是否涉及文物保护区	
	林地属性	
	是否涉及矿区	（附压覆矿查询图）
	是否涉及军事设施	
	是否涉及自然保护区	
	是否存在其他开发商的竞争	
	其他风险因素	

现场地形地貌和进场道路条件描述：（示例：××项目位于××县东部，属于丘陵，平均海拔500m，场址西北高、东南低，地表植被以林地为主。场址西侧15km处有G101通过，G101与场址间有县道和乡道相连，县道宽度10m，没有急弯，涵洞高度5m，乡道宽度4m，水泥硬化路面，有多处急弯，经过1个村庄，有三处房屋影响运输。）

1.2.3 外业考察安全注意事项

风电项目大都位于偏远的荒漠戈壁、草原、山区，人迹罕至，且有野生动物出没，安全意识缺失，会对技术人员的生命安全造成不可挽回的影响。这部分内容也是业内人员经常忽视的部分，本书在研究其他行业野外工作安全注意事项的基础上，结合风电项目的特点，总结了风电行业外业考察安全注意事项，供大家参考。

（1）牢固树立安全意识。风险的发生往往都是因为安全意识缺失造成的。风电项目前期外业考察有其本身的特点，场址属于天然的自然条件，地处偏远，人迹罕至，如果没有牢固的安全意识，一旦危险发生，野外营救都需要较长的时间，往往会对考察人员的生命安全造成不可挽回的严重后果。因此，树立牢固的安全意识是从事外业工作人员心中应紧绷的一根弦。

（2）外业考察准备。

1）外业考察前要详细了解考察目的地，在三维影像地图上做好考察路线，熟记路线上的重要标志物，并将考察路线导入移动设备。

2）出行前注意查阅当地的天气预报，最好选择不太热的晴天进行，避开阴雨、有雾天气，也避开气温太高的天气，以免中暑。雨天和雨后一两天不要登山，以免发生地质灾害。应随身携带急救药品，如云南白药、止血绷带、藿香正气水、蛇药等，一旦发生摔伤、碰伤、扭伤、蛇咬、中暑时能及时展开急救。夏天野外考察还应注意防晒。

3）防护装备。如户外冲锋衣、登山鞋或劳保鞋、登山杖、背包等。

4）定位装备。如GPS、电池、地形图等。

（3）外业考察中的注意事项。

1）外业考察时团队人员应不低于3人，最好有当地向导带路，防止迷路。出发前需向当地向导了解目的地情况，并做相应的应对方案。向导最好携带一把砍刀，用以修砍路边灌木或开路，如果遇到野生动物时还可以防身之用。

2）外业考察时要带足饮用水和少量高热量食品。要特别注意熟悉作业环境，进入水沟、坑塘、暗井、悬崖、草地、沼泽等地带时，要时刻保持警惕。遇到家户时要提防狗咬伤及其他伤害事故发生。

3）在高山或林区作业时，要穿户外鞋（专用登山鞋或劳保鞋）、长袖、长裤（扎紧裤腿），掌握自救互救方法。时常与山下队员保持联系，以防走失和迷失方向。在山中或林区行走时需拿一根1m左右的树枝或细棍在前面草丛间敲打，提醒蛇或毒虫离开，以免无意踩上造成人

身伤害。

4）在野外考察注意防火和用火安全。

5）野外许多地方信号较差，应在信号好时做好导航，并启动 GPS 定位，以免迷失方向。

第 2 章
风能资源测量和
数据管理

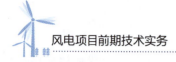

风资源测量和数据管理是一项十分重要的前期工作，旨在测量出场址的风资源水平，为风资源评估提供基础数据。《风电场风能资源测量方法》（GB/T 18709—2002）对风电场风资源测量方法进行论述，但该规范属于通用性标准，面对复杂多样的风场，缺少个性化的指导。本书加入了复杂场址的测风内容。

2.1 风 能 资 源 测 量

风电发展初期，我国的风电场主要分布在"三北"地区，"三北"地区地形平坦，一座测风塔基本能覆盖整个场址。随着我国风电开发向南方转移，测风工作变得更为复杂，一座测风塔根本无法满足风资源评估的需要。而且南方地区风资源较差，许多项目不具备开发条件，过多的测风塔会造成前期投入风险增加。为此，本书将测风工作进行了分类。风能资源测量根据项目风资源的复杂程度可以分为一次性测量和分步测量。一次性测量适合于地形相对简单，当地的风资源条件比较清楚的项目，分步测量适合于当地风资源情况不明或地形很复杂的项目。

2.1.1 一次性测量

一次性测量是在宏观选址后选择合适数量的测风塔一次性地对场址的风资源进行详细的观测。

2.1.2　分步测量

分步测量分为风能资源初步测量和详细测量两个阶段。

1. 风能资源初步测量

风能资源初步测量阶段在开发协议签订后开始，该阶段的工作目标是初步弄清楚拟选场址的风资源情况，为项目报批和后期风场的设计做准备。初步测量阶段建议：平原地区 5 万～10 万 kW 规模风场设立 1 座测风塔，20 万 kW 设立 2 座；山区 5 万 kW 设立 1～2 座，10 万 kW 设立 2～3 座，20 万 kW 设立 3～4 座。仅立 1 座测风塔的应尽量布置在场区中央，海拔相对最高的地方；立 2 座及以上测风塔的应先将场址分块，每个测风塔布置在每块区域的中央，海拔相对最高的地方。在最高处设立测风塔能有效地判断当地风资源的最高水平，确定项目是否有继续深入工作的价值。

2. 风能资源详细测量

风能资源详细测量阶段的工作是尽可能弄清场址的风能资源情况，识别风能资源方面的风险。首先由技术单位出具初步测量结果的风能资源评估报告和测风方案评价报告（测风方案评价报告是对测风工作进行评价，评价已完成测风工作的效果，是否能够满足风电项目投资决策需要，后期还需要采取哪些技术方案来完善风能资源测量工作），确定新增测风塔的数量、坐标和仪器安装数量和位置。风能资源详细测量一般在风资源初步测量完成后开展，如测风半年即开展，则必须经过实测数据与一年以上的参考数据做同期对比分析，且实测数据与参考数据相关性 R^2 在 0.5 以上可以开展详细测量，反之，需待风资源经初步测量一年后开展。

测风方案评价报告的作用是为了彻底弄清楚风场的风资源状况，一般是

在可行性研究报告之后开展，测风塔的数量和高度由现场风资源特点决定，有些项目风能资源特别复杂，就需要设立较多的测风塔。

2.1.3 测风方案案例

1. 地形简单场址

地形简单场址指地形起伏不大，周边无高大障碍物的场址。一般这种场址全场风资源特性基本相同，选用少量测风塔就可以测量出全场的风资源水平。随着我国风电的迅速发展，各种类型风资源特点的风场都会遇到，有些区域从单个场址来看地形起伏不大，但场址周边边界条件复杂，使得场内风资源变得复杂，如果缺乏理论上的判断，只立一座测风塔很可能无法准确评估场内风资源水平。

【案例2-1】河北某沿海项目，场址西、南、东三面靠海，西侧和南侧离海20km，东侧离海60km（见图2-1）。场址地貌为平原农田，地形无起伏，场内设立2座测风塔，两座塔的风向和风能玫瑰图一致（见图2-2、图2-3），两座塔距离6.3km。该场址面积不大，但场内资源北面001号和南面002号测风塔70m高年平均风速相差0.43m/s，风速相差8.6%（见表2-1、表2-2）。在风电平价的今天，项目年平均风速误差0.1m/s都可能导致决策错误，因此即使是地形简单的场址不仅要研究场址的地形、地貌还要研究周边的边界条件，是否完全一样，如果有差异，建议根据周边的边界条件合理布置测风塔，弄清场址的风资源。

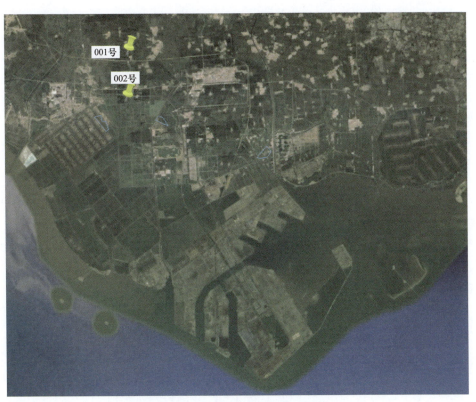

图 2-1　河北某项目测风塔布置图

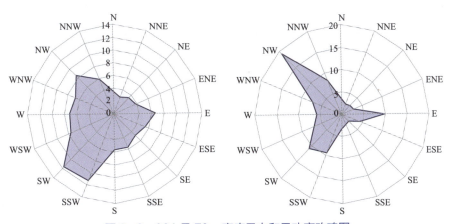

图 2-2　001 号 70m 高度风向和风功率玫瑰图

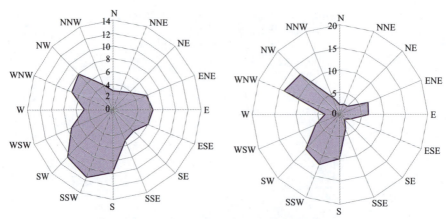

图2-3　002号70m高度风向和风功率玫瑰图

表2-1　　　　　　　001号实测年平均风速变化表　　　　　　　m/s

月份	1	2	3	4	5	6	7	8	9	10	11	12	平均
100m	5.37	5.88	6.74	6.35	6.22	4.23	4.73	4.01	4.61	4.97	6.09	7.11	5.54
80m	5.18	5.74	6.47	6.03	5.97	4.10	4.55	3.84	4.36	4.75	5.85	6.79	5.31
70m	4.85	5.42	6.13	5.70	5.58	3.85	4.25	3.62	4.10	4.45	5.50	6.36	4.99
50m	4.35	4.95	5.64	5.20	5.03	3.50	3.77	3.23	3.64	3.95	4.98	5.72	4.50
30m	3.42	3.99	4.69	4.29	4.12	2.63	2.65	2.31	2.59	2.94	3.89	4.52	3.51
10m	1.87	2.39	3.06	2.38	1.96	1.16	1.21	0.99	1.12	1.36	2.22	2.70	1.88

表2-2　　　　　　　002号实测年平均风速变化表　　　　　　　m/s

月份	1	2	3	4	5	6	7	8	9	10	11	12	平均
70m	5.08	5.62	6.51	6.26	6.50	4.48	4.82	4.06	4.42	4.85	5.76	6.65	5.42
50m	4.47	5.07	5.93	5.72	5.96	4.29	4.52	3.84	4.05	4.35	5.13	5.94	4.94
30m	3.85	4.55	5.34	5.27	5.56	3.95	4.24	3.48	3.61	3.68	4.37	5.05	4.41
10m	2.68	3.45	4.22	4.33	4.57	3.22	3.32	2.72	2.77	2.56	3.02	3.71	3.37

2. 山区复杂场址

山区风电场地形起伏较大，且山区下垫面差异较大，农田、荒草地、灌木、乔木等混合分布，且山顶和山谷还有热力交换，因此山区风资源非常复杂，山区风场详细测量阶段需结合风机布置、风资源初步模拟结果和风资源工程师的经验合理布置测风塔。

根据前面所述，山区复杂场址风资源初步测量阶段，测风结果可以初步判断该场址是否具备开发价值。目前市场上的商业化风资源模型在复杂山地模拟中都有较大的局限性，尤其近几年风电竞争白热化阶段，项目的收益率都已经非常低，项目的抗风险能力较差，一旦出现大的模拟误差，会造成大的投资风险。经过多年的探索，得出的结论是在山区复杂地形中最有效降低投资风险的措施就是多设立测风塔，软件模拟作为辅助手段。

【案例 2-2】 四川某风电项目位于四川北部山区，机位海拔 800～950m，机位主要位于南北走向的山脊上。该项目在初步测量阶段只安装了一座 6396 号测风塔，位于场址的最高处。测风结果显示，项目主风向集中，主风向为 NNE，代表年平均风速 5.3m/s，且风频比较差，初步模拟项目发电量较低，因此该项目进行补充测风时格外谨慎。首先依据 6396 号测风塔测风资料对全场风资源进行了资源模拟，模拟结果见图 2-4，模拟结果显示山脊走向与主风向垂直的机位点年平均风速都较高。详细测量阶段又补立了 9622 号、9623 号、9624 号、0019 号、1573 号测风塔进行风资源详细测量（测风塔布置见图 2-5），结果显示除 0019 号和 1573 号测风塔年平均风速超过 5.0m/s 外，其他各测风点的年平均风速都不足 5.0m/s，模拟结果明显高估。特别是山脊走向垂直于主风向的机位点高估的更明显，许多机位不具备投资价值，尤其 9624 号测风塔的结果，代表着场区东部、低海拔且山脊走向垂直于主风向机位的风资源水平，模拟结果显著高于实测结果。最终将场区东部海拔较低且山脊走向垂直于主风向的机位点舍弃，最终的风机布置图见图 2-5。

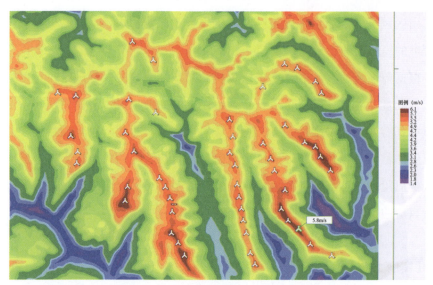

图2-4 四川某风电场风资源模拟结果

图2-5 四川某风场最终测风塔和激光雷达布置图

从该项目的实测风速和模拟结果对比来看，复杂山地风场风资源非常复杂，当测风塔覆盖不全时，单靠软件模拟进行机位布置，风险很大，最好的办法就是精确测风，设立尽可能多的测风点进行测量，以控制项目风资源的模拟误差。

3. 狭管型场址

狭管型场址在我国风电场开发初期较为普遍，例如达坂城（见图 2-6）、

图 2-6　达坂城某场址布置图

河西走廊都是典型的狭管地带，其风资源较好，早期许多风电场都规划在这些地区。虽然狭管型场址风资源较好，且主风向也比较集中，但狭管风有自己的特点，如果在理论上缺乏支撑，制定测风方案时也可能会出现错误。

【案例2-3】达坂城某风场，项目共分为五期，一～三期靠近谷底，选用的都是1.5MW-77机组，四期和五期布置在缓坡上，选用的分别是1.5MW-77和1.5MW-82机组。项目投运后，四期、五期作为设备故障率低的新风场，其发电小时却一直低于一期、二期、三期。为弄清楚原因，在场址附近设立了4座测风塔，分别为1301号、1302号、1303号、1304号，其中1303号位于谷底，1302号和1304号位于一期、二期和三期三个场址的两端，1301号位于四期和五期之间。经过同期观测发现，1303号风速最大，1301号风速最小，1302号和1304号风速接近，位于1301号和1303号之间，其中1301号和1303号风速差异在0.5m/s以上。由此可见狭管风有其特点，越靠近谷底风速越大，越靠近山坡风速越小，利用流体力学知识不难发现该规律。因此，在狭管型场址中一定要沿山坡自下而上设立不少于两座测风塔，以控制项目的最大和最小风速。

4. 大切变场址

2014年以来，随着高塔筒技术的成熟，我国中东部大切变风电场备受青睐：一是中东部地区属于负荷中心，可以就地消纳，少有限电；二是中东部平原地形简单、交通便利，建设成本较低，应用高塔筒技术可有效提高项目收益。目前大切变场址塔筒高度已经提高到120m和140m，而正常风切变的场址一般立90m高测风塔，因此中东部大切变平原风场如果场内没有足够高的测风塔应补立140m及以上高度的测风塔，或采用测风雷达观测现场的风切变。

2.2　数　据　管　理

2.2.1　人工数据管理

　　测风设备具有自动传输数据功能的，需至少每周查看一次数据，确保及时发现测风塔设备故障。排除故障时需在测风数据管理表中认真填写故障原因和故障处理记录，该记录将作为可行性研究报告编制和测风方案评估的重要参考资料。每次数据收集之后，对其进行初步验证，以判断测风仪器、设备是否正常工作；测风设备不具有自动传输数据功能的区域或通信信号弱的区域，应每季度至少收集一次数据，确保及时发现测风仪器设备故障，使得数据完整率不低于 95%，有效数据完整率不低于 90%。数据质量达不到要求的，项目投资决策评估时应对发电量进行一定的折减。

2.2.2　自动化数据采集和管理系统

　　目前市场上有许多商业化的自动化数据采集和管理系统，这些系统可以每天对数据进行收集，并评估数据是否正常，并及时发布设备故障预警。这些系统可以高效地解决集团化的测风塔数据管理。

第 3 章
风能资源评估

风能资源评估旨在评估拟选场址的风资源水平，为风电项目开发提供依据。风能资源评估主要包括对实测或收集的风数据进行验证和订正，统计分析风能资源各特征参数，并利用风资源模拟软件，模拟全场风能资源状况，进而选择合适的风机位置和风机，估算风电场发电量，为风电场开发建设提供投资决策依据。

目前风能资源评估采用的国家标准是《风电场风能资源评估方法》（GB/T 18710—2002），该标准于 2002 年发布，主要是参考国外有关的标准和规范编制的。随着我国近 10 年风电的飞速发展，风电开发从平原到山地、从陆地到海洋，面对多样化复杂化的风电场，在实际项目评估中，经常会遇到各种各样特殊的问题，在目前的标准中找不到相应的解决方法。本书重点介绍一些实用的评估经验和建议，希望能与读者共同探讨。

本书的风资源评估主要包括数据处理、风能资源各特征参数统计、风资源模拟。

3.1　数　据　处　理

数据处理包括数据验证和代表年订正两部分，数据验证旨在检查原始测风数据，对其进行完整性和合理性检验，剔除掉无效数据，替换上有效数据，填补缺测的数据，整理出至少连续一年完整的逐小时测量数据；代表年订正是根据风场附近长期测站的观测数据，将验证后的风场短期测风数据订正为一套能反映风场长期平均水平的代表性数据，即风场测风高度上代表年的逐小时风速风向数据。

3.1.1 数据验证

风场在测风过程中，往往因测风仪器损坏、传输故障、供电不足、恶劣天气等原因，导致测风数据出现缺失或异常。因此数据验证是风资源评估不可缺少的重要一步，其直接决定风资源评估的精度。根据《风电场风能资源评估方法》（GB/T 18710—2002）的规定，经验证后的有效数据的完整率不得低于90%，企业可依据自身情况制订更严格的企业标准。

1. 数据验证的基本流程

数据验证的基本流程见图3-1。

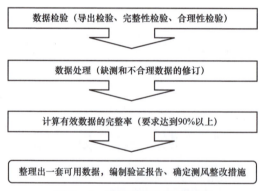

图3-1　数据验证的基本流程

2. 数据检验

（1）数据检验的规范要求。数据检验是通过设定检验规则找出不合理和缺测数据，数据检验包括完整性检验和合理性检验。

1）完整性检验。完整性检验是从数据数量和时间顺序两方面检验。数据数量应等于预期记录的数据数量，数据的时间顺序应符合测风的开始、结束时间，中间连续。

2）合理性检验。合理性检验分为范围检验、相关性检验和趋势检验。检验规则参考《风电场风能资源评估方法 》（GB/T 18710—2002），见表 3－1～表 3－3。

表 3－1　　　　　　　　　主要参数的合理范围参考值

主要参数	合理范围
平均风速	0m/s≤小时平均风速<40m/s
风向	0°≤小时平均值<360°
平均气压（海平面）	94kPa<小时平均值<106kPa

表 3－2　　　　　　　　　主要参数的合理相关性参考值

主要参数	合理范围
50m/30m 高度小时平均风速差值	<2.0m/s
50m/10m 高度小时平均风速差值	<4.0m/s
50m/30m 高度风向差值	<22.5°

表 3－3　　　　　　　　　主要参数的合理变化趋势参考值

主要参数	合理范围
1h 平均风速变化	<6.0m/s
1h 平均温度变化	<5℃
3h 平均气压变化	<1kPa

注：各地气候条件和风况变化很大，以上三个表中所列参数范围供检验时参考，在数据超出范围时应根据当地风况特点加以分析判断。

（2）数据检验需注意的问题。

1）二次人工检验，避免误判。由于测风数据量大，检验和处理工作常需借助专门的数据处理软件来完成。数据处理软件检验完成后，对不合理数据还需再次进行判别，挑出符合实际情况的有效数据，放回原始数据组，即进行二次人工检验，避免发生误判。合理性检验中参数范围的设定有时会造成

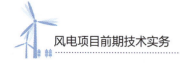

过度检测，即把好数据误识为问题数据，这是合理的。如果有小部分问题数据未被剔除，可能会使风能资源分析产生较大偏差，但是如果去掉适量的正常数据，通常对风资源评估影响较小，因此说适当的过度检验是合理的。另外，在二次检验阶段还有机会对因过度检测而误选的数据再次检查。

2）多维检验，去伪存真。用一个检验规则有时难以判断数据是否存在问题，或者单一的检验规则有时会失效，这时需要进行多维分析、综合判断。

例如，一个被冻住的风向标，连续几个小时内风向都是一个固定值，或仅发生微小的变动，这个值满足0°～360°的范围检验，而它的标准偏差因为持续的零值或近似零值而应引起特别关注。再如，由于结冰和消融都会经历一个过程，在冰冻起止时段内，测风设备并不会完全冻住不动，但此时的记录也不能反映真实的风况，而通过范围或者趋势检验难以检测出来，需要对相应时间段内的温度、湿度等数据综合分析，判断问题数据的起止时刻。

3）结合现场气候条件，适当调整检验规则。技术规范中所列的参数范围供检验时参考，在实测数据超出范围时应根据当地气候特点加以分析判断，做出适当调整，比如沿海地区的台风极端风况等。也可根据需要，结合现场气候条件，增加检验规则。

（3）容易被忽视的数据导出检验。原始测风数据通常是二进制文件格式，须用专门解析软件导出成方便查看和处理的格式。根据数据记录仪制造商的不同，会有不同的格式，如NRG Systems的原始数据格式为*.rwd，Second Wind的格式为*.ndf，制造商提供原始数据的解析软件，解析后导出可用的文本或表格文件。

数据解析导出时应注意的问题：

1）rwd原始数据解析导出时首先检查解析软件中传递参数（Scale Factor和Offset）的设置是否与测风设备标定报告中的一致，见图3-2。

图 3-2　传递函数参数检查

2)　数据解析导出前需要收集整理测风设备的维护日志，尤其是设备维修、更换和通道调整记录，依据维护日志检查参数设置和数据质量。

如果测风过程中设备有更换，则记录仪对应通道传递参数要按照设备标定报告进行修改。数据解析导出时，再次检查设备更换前后解析软件中的参数是否与设备标定报告中的参数一致，更换前后的设备传递参数不能混乱、避免前后相互覆盖。

测风过程中记录通道如果有更换，也要检查更换后通道的传递参数是否

进行调整。

3. 不合理数据和缺测数据的处理

原始测风数据经过检验，去除掉缺测和不合理数据后，数据完整率降低，此时需要将测风数据进行科学合理的处理，尽可能得到完整的数据序列。

（1）缺失数据处理的基本方法。缺测和不合理数据剔除后，通常需进行处理。处理方法一般有直接替换和相关法插补两种。直接替换是将备用设备的同期有效数据，直接替换已确认为无效的数据或缺测的数据。有时同层两套设备的数据存在明显的差异，不能使用直接替换方法，可以采用相关法插补；如果没有备用、参考设备，或备用、参考设备与被替换设备间相关性不强，可不做处理，避免引入误差，增大数据的不确定性。

（2）参考数据的选用原则。当测风塔同一高度有备用设备时，宜采用备用设备的同期数据直接替换缺测和不合理数据。如果没有备用设备，考虑使用相关法插补。相关插补法所使用的参考数据来源如下：

1）同塔不同高度的同期数据；

2）相邻测风塔的同期数据；

3）附近气象站同期数据；

4）再分析数据。

参考数据的选取依据相关性和数据可靠性高低择优选用，数据处理时可以使用单一的参考数据源，也可以多种数据源综合使用。相关性和可靠性最好的通常是同塔的数据，相邻测风塔数据次之。如果使用同塔和相邻测风塔完成插补后，完整率仍不满足评估要求时，可考虑采用气象站或再分析的同期数据继续进行相关插补，使用的前提是测风数据与气象站或再分析数据的相关性要足够好。

（3）相关插补法的实施要点。

1）确保数据的有效性。在进行相关分析之前，首先要确保测风数据和参考数据事先都经过了数据检验和初步处理，留下的都是有效数据，避免错误数据引入导致相关分析失真。

2）确保两组数据时间上的一致性。在计算两组数据相关性之前，首先要保证数据在时间上的一致对应关系。通过风速随时间变化的对比图很容易发现两组数据在时间上是否错位。下载的再分析数据会与我国国内的测风数据存在 8 个小时左右的时间偏差，相关分析前须进行时差调整。如果参考站点距离测风塔较远，风的流动有时存在时间延迟现象。

3）同期数据的时间序列不宜过短。测风数据与参考数据要有足够长的重合时段，尽可能覆盖全部的风速区间和全部风向，二者的相关性才是稳定的。参考行业内相关研究，建议二者同期时长不宜少于 8 个月，以保证相关分析的可信度。

4）两组数据的相关性要好。两组风数据的相关关系常用最小二乘法构建一维线性回归函数，即 $Y = aX + b$ 型式的相关方程，将参考风速 X_i 代入方程，即可求出同时刻的预测风速 Y_i。用判定系数 R^2 来评价两组数据的相关程度，它是判定线性回归函数拟合好坏的指标。R^2 介于 0～1 之间，越接近 1，相关程度越好。在实际项目的风资源评估中，相关性好坏没有一个非常明确的界限来区分，建议数据在进行插补修订时，判定系数 R^2 大于 0.8。对于山地等复杂地形风电场项目，测风塔与长期测站或再分析数据的判定系数很难达到 0.7 的水平，在做代表年订正时，可结合比值法、大小年分析等方法，适当降低相关系数的使用水平。有时测风塔与参考数据之间的 10min 或小时平均风速相关性可能较差，但 24h 的相关性可能会大大提升，因为随着平均时间周期的延长，风流的时间延迟和一些短时局地效应被"中和"掉了。遇到这种情况，可考虑采用 24h 时间尺度进行相关分析和数据处理。

（4）塔影效应数据的处理。塔影效应指风遇到塔架后风的大小和方向等特性发生变化，从而影响真实观测。受塔架直接遮挡之外的区域，与真正自由流风速相比，塔架的存在也会增大或降低观测风速，其影响大小与风向、测风仪到塔架的距离、塔的宽度和类型有关。我们所关注的塔影效应是塔架直接遮挡产生的影响，因为这是主要影响。通常会在测风塔顶层的不同横梁上安装两套风速仪，用于顶层风速的相互修订。通过绘制相同高度的两个风速仪的风速比值或差值随风向的变化来验证塔架影响的范围，见图3-3。该图为90m-A和90m-B相同高度的两个风速差值随风向的变化图，从图中可以明显看出受塔架影响的两个扇区范围：在30°～60°范围内，90m-B受塔架遮挡严重；在220°～255°范围内，90m-A受塔架遮挡明显。

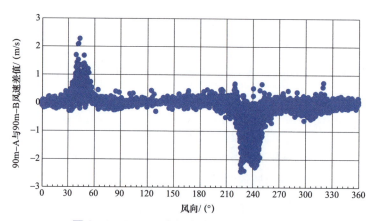

图3-3　90m两个风速差值随风向的变化图

由于来自某方向的风受遮挡（即塔影效应），风速测量值比真实值偏小，如图 3-3 中的 30°～60° 范围内的 90m-B，以及 220°～255° 范围内的 90m-A，使用未受遮挡影响的风速仪风速替代受到影响的风速仪风速，则可在一定程度上减小塔影效应对数据质量的影响。

（5）风向数据的处理。风向的准确性关系到确定主导风向以及如何排布风机。在现场测风工作中，尤其是复杂的山地风电场，经常发现底层和顶层两个风向存在一定差异，有时场内几个测风塔的风向也常常不同。当这些情况出现时，需要认真分析风向差异原因，谨慎处理风向数据。风向数据可按照一定的程序，逐一检验排查：

1）检查风向仪安装是否存在问题。有的现场测风站使用罗盘定位，把北标记对准地磁北极，没有进行地磁偏角方向找正。风向仪一般有 5°～10°的安装误差，从而造成各层风向测量值的差异。

2）检查是否因为局地小地形的差异导致不同位置的测量风向差异。这种情况常发生在地形复杂的山地风电场，此时应根据测风塔所代表的区域范围、按照每个测风塔的实测风向分区排列风机。

3）应用雷达等移动设备进行短期对比验证。在排除掉安装问题和地形差异导致风向不同后，仍不能确定准确的风向时，建议使用移动雷达设备短期对比测风。

4）对一些简单地形的风电场，由于项目进度原因，来不及短期测风验证风向时，可先按照不同的风向分别排布好风机，然后对每一种排布，分别测算不同风向条件下尾流大小以及总发电量的差异。当发电量差异微小，可忽略不计时，可综合考虑安全及工程建设等因素，选择一种风机排布。如果发电量差异较大，这种枚举测算评估会陷入无解。

（6）数据不做处理。对于我国南方一些复杂地形的山地项目，当地若存在极端气候条件时，如贵州和湖北的冰冻天气，在没有防冰冻措施的情况下，测风数据的有效完整率很难达到 90%以上的规范要求。同时由于地形复杂，与再分析数据和气象站等参考数据的相关性常常很差，为避免因应用相关替换引入更大的误差，增大数据的不确定性，建议测风数据不做插补处理，可在发电量估算时，在折减系数中予以综合考虑。

如果测风数据是在某个连续时间段内整月的大量缺失，与参考数据在小尺度（如 10min 或 1h）时间上的相关性比较差，而在更大时间尺度上相关性较好时（例如两者的月平均风速的变化趋势基本一致），可以通过与参考数据的月均风速对比，来判断缺失的时间段属于大风段还是小风段，从而定性地判断这种使用完整率不足的测风数据代替全年平均风速究竟高估了还是低估了真实风速。图 3-4 为项目测风塔和附近气象站月均风速对比图，从图中可以看出两个观测站月均风速变化趋势较为一致，测风塔 2015 年 8 月数据缺失。从气象站数据可知，8 月份在全年属于小风月，如果以实测的 11 个月的平均风速代表全年风速进行评估，显然高估了平均风速。

图 3-4　项目测风塔和附近气象站月均风速

3.1.2　代表年订正

1. 代表年订正的目的

风电项目前期所安装的测风塔通常仅进行 1～2 年的短期测风，然而一个风电场的运行周期至少为 20 年，短期测风数据不可能代表风电场整个生命周期内的风资源水平。代表年订正就是将风电场短期测风数据订正为一套反映风电场长期平均水平的代表性数据，依此来测算风电场的发电量。代表年订正需要收集风电场附近长期测站的数据作为订正的参考数据。

2. 代表年订正的方法

一般应用 MCP（Measure Correlate Predict）方法对短期测风数据进行代表年订正。该方法是将风电场内短期测风数据与长期参考数据做相关性分析，以此建立两者之间的相关关系，之后将长期参考数据应用于该关系，来预测风电场内短期测风塔处的长期平均风资源水平。在《风电场风能资源评估方法》（GB/T 18710—2002）中明确规定了订正的具体方法，该方法是对 16 个风向扇区分别订正。详细内容可查阅规范。

3. 长期参考数据的特点和使用中注意的问题

用于订正的长期参考数据主要有气象站数据、再分析数据和探空站数据，前两种数据因为数量多、获取相对容易，目前被广泛使用。订正的准确性，主要取决于参考站与测风塔周围下垫面条件的相似度和长期参考数据的准确性。

中国气象站大多数建于 20 世纪 50 年代，随着自动气象站的使用、测风仪器的更新换代、气象站周边环境的变化乃至气象站的搬迁等，其风速、风向数据前后也会有显著的变化，所以气象站数据多数需要修正后使用。探空气球的应用始于 20 世纪初，通过气球将无线电探空仪器携带到高空，主要用于温度、气压、风、云等气象要素的探测。然而，探空气球不是固定的，在上升至 30 km 左右的高空后就会因气球内外压力差而爆裂，因此该测风数据持续时间较短，多用于其他探测仪器的标定。再分析数据基于修正后的观测数据，利用气象数值模型对其进行同化分析，得到长期风资源数据序列，其水平和垂直分辨率较低，与实测风数据相比，有一定的误差，多用于风电场规划阶段的宏观选址。

（1）气象站。地面气象观测站按照承担的观测任务和作用分为国家基准气象站、国家基本气象站和国家一般气象站。国家基准气象站每天进行 24 次定时观测，昼夜值班；国家基本气象站每天进行 02 时、08 时、14 时、

20 时 4 次定时观测和 05 时、11 时、17 时、23 时 4 次补充观测,昼夜守班;国家一般气象站是按省(区、市)行政区划设置的地面气象观测站,每天进行 02 时、08 时、14 时、20 时 4 次定时观测或 08 时、14 时、20 时 3 次定时观测。气象站信息记录翔实、数据真实可靠,气象站站点覆盖范围较广。

用于代表年订正的气象站应符合下列要求:

1)地理位置上应与风电场距离较近;

2)应与风电场具有相似的地形、下垫面及风能资源成因;

3)应有连续 30 年以上规范的测风记录,且风数据进行过一致性修正;

4)与风电场同期测风数据相关性较好。

在使用气象站做代表年订正时特别注意以下两点:

1)代表年订正时合理选用数据的时间尺度。风电场选址时为减少对居民的影响,同时也为避开城镇建筑物对风电场产生遮挡效应,风电场通常都选在远离城镇的偏远地区。而气象站多数设置在城镇近郊地带,与风电场距离较远,地形地貌与风电场也截然不同。这就造成风电场所在的县或市虽然有气象站点,但与风电场内的短期测站小时数据的相关性较差。此时不要立即否定气象站的使用,毕竟气象站数据都是实测出来的真实可靠的数据,可以将相关分析的时间尺度拉大到日或者月,再进行分析。一般情况下,两者的月平均风速的变化趋势基本是一致的,因为都处于相同的气候区域内。这时,可以参考气象站数据大体判断出测风年属于大风年、小风年,还是平风年。图 3-5~图 3-7 分别为气象站与附近某风电场内测风塔的小时、日、月三种尺度的风速相关关系图。如果我们仅看小时风速相关关系,R^2 只有 0.2996,相关性很差,而日和月风速的相关性明显要好很多。

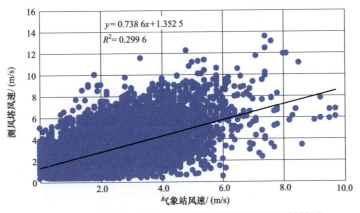

图 3-5　气象站和风电场测风塔小时平均风速相关关系

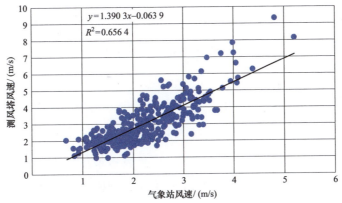

图 3-6　气象站和风电场测风塔日平均风速相关关系

2）气象站选用时认真研究气象站的迁站和设备变更信息。代表年订正需要收集长期测站近 30 年的测风数据，对于地面气象站，30 年的历史沿革通常会经历数次迁址和仪器的变更。一般情况，变更前后风速会发生明显的变化，我们在长期测站的年际变化直方图中就可以识别出来，但有时前后变化并不明显，所以还是建议在使用气象站数据时认真阅读它的沿革信息。变更前后的测风数据需要进行一致性修正，修正方法是将变更前后平行观测的数据做

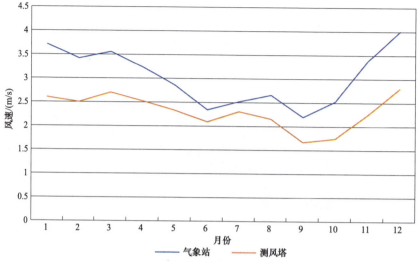

图3-7 气象站和风电场测风塔月均风速变化趋势

相关分析，通过两者的相关关系将变更前（后）的数据修正到变更后（前）的水平，才能统一分析。有些气象站数据，其所在的气象部门已经进行了平行观测修正。

（2）再分析数据。再分析数据（Reanalysis Data）是为数值天气预报或气候模式分析等进行服务的，平时我们所见到的天气预报大部分就是由大气数值模拟结果做出的估计与判断。数值模式是数值天气预报的核心部分，平时所看到的 WRF 模式便是数值模式的一种。WRF 模式的核心是一组大气动力学方程组，为了得到较好的结果，方程组的求解需要准确的边界条件和初始条件，这些条件就由输入的数据提供，而输入的数据就是再分析数据。

再分析数据是将各种历史观测资料（包括地面观测、卫星，还有雷达、探空、浮标、飞机、船舶等）输入气象数值模型，并进行纠错、网格化和与其他观测数据协调同化后，从模型中的每个网格点、不同层中提取天气参数所获得。

再分析数据因其自身的优点被广泛应用于代表年分析。一是再分析数据不像地面观测站一样地理分布不均，收集困难，再分析数据的网格分布均匀、几乎覆盖全球，并且易于获得，不难找到合适的网格点；二是再分析数据具有长达 40 年的长期数据值。

然而，再分析数据也有明显的缺点，使用时必须注意。气象数值模型在整个历史仿真中是固定不变的，但是输入模型中的观测数据其类型、质量和数量却发生着变化。这些观测数据的变化无疑会对再分析数据的一致性产生影响，因此在使用再分析数据做代表年订正时需要格外小心。总的来说，再分析数据是地面观测的有效补充，但风资源评估人员应该注意，尽量不要单独依赖它们进行代表年订正，除非没有足够的或可用的实际长期观测数据。

4. 代表年订正的常见问题和建议

常见问题：

（1）仅采用再分析数据进行代表年评估，会增加评估结果的不确定性。由于气象站数据的获取需要一定的经济和时间成本，获取相对困难，另外，很多气象站地处偏远、以及地形地貌等差异导致气象数据在小时时距上相关性较差，在可行性研究报告或风资源评估报告中经常仅使用再分析数据进行代表年订正分析。从上一节的介绍中我们已经看到，再分析数据是通过数值模型计算得到的模拟数据，如果只采用再分析数据进行代表年订正，结果会有较大不确定性。虽然有时与风电场内测风塔的同期相关性较好，但并不代表其他历史时段风数据的一致性。气象站数据因为场址或设备变更也存在历史数据一致性的问题，即使进行了修正，因为修正误差的存在，一致性问题也不可能完全消除。

（2）气象站数据与再分析数据变化趋势不一致，使得代表年订正时选取参考数据比较困难。在进行代表年订正时，经常遇到这样的情况：通过气象

站分析，测风年属于大风年，而通过再分析数据分析，测风年又是小风年，而且两套长期数据与测风塔的相关性都是在可以接受的范围内。最终选取哪个长期数据，成了令人纠结的选择题。

具体建议：尽可能多地收集附近的气象数据和再分析数据，综合比较各数据的日、月或年平均风速的变化趋势，相互佐证剔除个别可疑的长期数据，通过多套数据完成综合订正。仅使用一套长期数据进行代表年订正的做法存在非常大的不确定性和风险。

3.2 风能资源各特征参数统计

3.2.1 风资源相关的各参数和应用

1. 平均风速

（1）平均风速统计的意义。风速和风功率的年变化和日变化曲线能够直观地反映出风速和风能的变化情况，便于与当地的电力负荷曲线比较，判断风电场输出电力的变化是否接近负荷需求的变化。

风速和风功率的年变化和日变化曲线对风电场施工和运维规划也有重要的指导意义。在施工中，可以将对风速较为敏感的吊装工作安排在小风速的时间段进行。在风电场运维中，将技改、检修等安排在小风月进行，可以最大限度地提升风机可利用率。

（2）平均风速的统计方法。平均风速的统计有年平均、月平均、各月同一钟点（每日 0 点～23 点）平均、全年同一钟点平均。对于年风况，需要编制的风况图表有风速和风功率的年变化曲线（以月为单位）、全年的风速和风功率日变化曲线图（以小时为单位）。对于月风况，需编制各月的风速和风功率日变化曲线（以小时为单位）。相应统计图查看 GB/T 18710—2002。

2. 风速的频率分布及威布尔曲线

（1）风速的频率分布及应用意义。风速的频率分布即以 0.5m/s 或者 1m/s 为一个风速区间，统计每个风速区间内风速出现的频率。

结合风电机组的功率曲线，风速的频率分布可直接用于估算机组的输出功率。相同的平均风速，如果频率分布不同，那么风机的发电量也会完全不同。例如，一个风电场全天各小时的风速都是 15m/s，而另一个风电场前 12h 是 30m/s，后 12h 是 0m/s。虽然两个风场全天的平均风速都是 15m/s，由于风速频率不一样，第一个风电场全天都在满发，而第二个风电场由于风速大于风机的切出风速，全天的发电量确是 0。

（2）威布尔曲线及应用中的注意事项。威布尔分布是用来描述测风数据风频分布的数学函数，是对真实风频分布的近似拟合。威布尔分布虽然符合绝大部分风电场的风频分布规律，但也有一些场址拟合的很差，如图 3 - 8 所示。估算发电量时就不能用威布尔曲线来代替实测的风频分布。一般仅使用威布尔分布的 A、K 参数值大致估算发电量，而在使用评估软件进行发电量测算时，常以实测的时序数据或各风向上的风频分布表作为计算数据。

3. 风向频率和风能密度方向分布

（1）风向和风能玫瑰图。通常将风向均分成 12 或 16 个扇区，统计周期内每个扇区风向出现的频率，称为风向频率分布，用极坐标形式的风向玫瑰图表示。计算并统计周期内每个扇区风能密度占全方位总风能密度的百分比，称为风能密度方向分布，用风能玫瑰图表示。

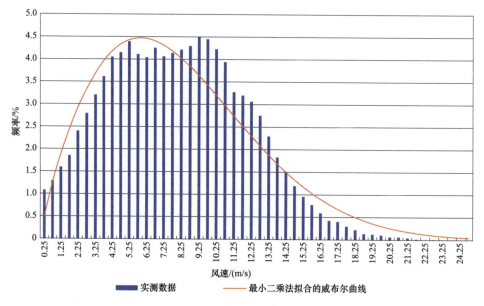

图 3-8　甘肃某测风塔实测风速频率和威布尔拟合曲线

（2）风的方向分布在工程中的应用。在风电场设计中，风的玫瑰图用于风机位置的优化排布。通常风向和风能的主风向是一致的，但也有不一致的时候，因为风向频率分布统计仅考虑风向不考虑风速，而风能分布两者都考虑在内。出现频率最高的风向可能由于风速小，不一定是风能密度最大的方向。由于风能决定风机的发电量，机组排布主要依据风能玫瑰图。

一般沿主风向的方向上，风机前后间距尽量大一些，减小前排风机的尾流影响。在垂直主风向上，风机左右间距可以小一点。在"三北"地区和中东部平原一些地区，主风向比较集中，主风向上尾流显著，目前在运项目，风机前后间距一般都在 10D（D 为叶轮直径）以上。对于大型的平原风电场，为了降低主风向上的尾流，中间常设有隔离带。对于复杂的山地项目，受地形、限制因素等制约，通常会有机位点不足、点位风速差异大的现象。此时如果项目主风向集中且与山脊走向基本垂直，可采取减小风机左右间距的措施，尽量在风资源好的山脊上排布更多的风机，提升优势资源的利用率，目前国内已有小于 2D 间距的风电场设计。

4. 风切变

（1）风切变及其影响因素。风电行业中的风切变表示水平风速随高度变化的关系，规范中推荐用幂律拟合方程中的指数表示风速变化的快慢，被称为风切变指数。风切变指数越大，随着高度的增加，风速增加的也越大。造成风在近地层中随高度变化的原因有动力因素和热力因素，前者主要来源于地面的摩擦效应，即地面的粗糙度，以及地形影响，后者主要表现为与近地层大气热稳定度的关系。

粗糙度越大，风切变指数越大。例如建筑物密集的城市和森林，近地面高度对风的减速效应显著，导致近地面风速较低，呈现出风切变指数大的特征，而开阔的水面正好相反。

在山地项目中，风切变往往较小，甚至有负切变。因为当气流通过山顶位置时，下层的气流受到明显的挤压，根据通量守恒，下层气流加速效应大于上层气流，导致下层风速增大明显，整体的风切变指数变小。当下层气流的加速效应显著时，而上层加速效应较弱或没有时，就会出现负切变。

在不同的大气热稳定度下，会有不同的风切变指数。在不稳定的大气条件下，风切变指数较小，在稳定的大气条件下，风切变指数较大。出现这样的现象是因为当大气不稳定的时候，气流的上下交互较为频繁，因此下层的气流受到原先处于上层流速较大气流的带动，风速增大；上层气流受到原先处于下层流速较小气流的影响，风速减慢，总体表现为风切变减小。图 3-9 是一天中 4 个不同高度 24h 的风速变化曲线，在 9:00 至 18:00 的白天期间，地表受阳光加热影响，大气变得不稳定，上下层气流交互加剧，各层高度风速差异较小，风切变也小；而在夜间，地表温度降低，上下层气流交互减弱，大气变得稳定，风切变增大。

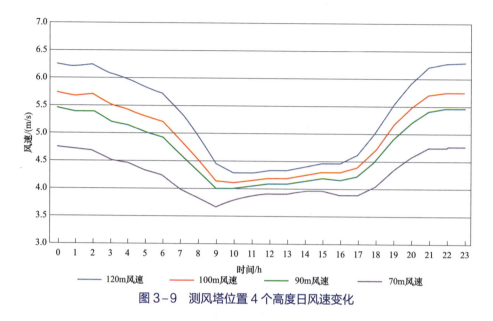

图3-9 测风塔位置4个高度日风速变化

（2）风切变的应用。在风机选型时，风切变是选择轮毂高度的重要参数。在风切变小的风电场，会选择常规的塔筒高度。如前面所讲，山地项目因风在山顶显著的加速效应，导致风切变小；海上项目水面粗糙度小进而风切变也小，风速随高度的抬升增加不明显，两者常选用常规高度塔筒。而我国中东部平原地区，如河南、山东、安徽和江苏一带，风切变指数通常在0.3以上，为适应该地区大切变的特点，充分利用高空风资源，高塔筒大切变机组在这些地区被普遍采用。目前120m和140m的钢制柔性塔筒和钢混塔筒技术都很成熟，加快了中东部平原风电项目开发进程。

只要不是负切变，提升轮毂高度一定会带来发电量的提升，但最终是否选用高塔筒，需要结合经济因素综合考量。选择更高的塔筒随之而来的是更重的塔筒、更大的基础，以及运输、吊装等费用的增加。当提升轮毂高度所带来的发电量增加的收益已经不能涵盖住随之增加的投入时，建议采用较低的轮毂高度方案。因此在确定风电场机型的时候应该综合考虑方案的经济性，而不是把等效满发小时数作为唯一的指标。

因为风切变的存在，导致风轮面内竖直方向上风速的差异，产生不平衡的风载，所以风机选型时还要考虑风切变对机组载荷安全的影响。机位处的风切变指数最好不要超出机组的设计范围。如果超出，需要风机制造商进行安全性校核。

5. 湍流强度

（1）湍流强度及其影响因素。湍流又称紊流，是指流体的非均匀流动。风电行业中的湍流强度是指 10min 内风速随机变化幅度大小，是 10min 平均风速的标准偏差与同期平均风速的比率。湍流是风电机组运行中承受的正常疲劳载荷，它是 IEC 61400-1 风机安全等级分级的重要参数之一。

湍流产生的原因主要有两个：一个是当气流流动时，气流会受到地面粗糙度的摩擦或者阻滞作用而产生湍流；另一个原因是空气密度差异和大气温度差异引起的气流垂直运动。通常情况下，上述两个原因往往同时导致湍流的发生。在中性大气中，空气会随着自身的上升而发生绝热冷却，并与周围环境温度达到热平衡，因此在中性大气中，湍流强度大小完全取决于地表粗糙度情况。

（2）湍流对风机的影响。湍流会对风电机组性能产生不利影响：一方面产生疲劳载荷，还可能引起极端载荷，最终削弱和破坏风电机组；另一方面会降低机组的输出功率。

1）湍流对安全性的影响。表 3-4 为 IEC 61400-1 中的风力发电机组等级的基本参数，出于载荷安全的考虑，湍流被划分为 3 类，从高到低分别为 A、B、C。在风机选型时，严格上说机位轮毂处风况应不高于所选机型的湍流限值，否则按设计标准制造出来的风机就很难达到预期寿命，可能导致疲劳损坏。当湍流超出设计标准时，由风机制造商来做载荷仿真以确认风电机组的安全性。比如全场绝大多数风机可以选择Ⅲ-B类机型，但个别风机点位湍流为 0.143，超出 0.14，可年平均风速只有 6.5m/s 的情况下，我们又希望统一使用一类机型，就可以尝试将机位处的参数加入到风机设计模型中，通过仿真来判断风机是否能够满足风场条件下的安全性要求。

表 3-4　　　　　　　　　　风力发电机组等级基本参数

风力发电机组等级	I	II	III	S
参考风速 V_{ref}/（m/s）	50	42.5	37.5	由设计者确定各参数
A　　I_{15}（一）	0.16			
B　　I_{15}（一）	0.14			
C　　I_{15}（一）	0.12			

表 3-4 中，参数值应用于轮毂高度。

V_{ref} 表示 50 年一遇参考风速 10min 平均值，我们一般称为最大风速；

A 表示较高湍流特性等级；

B 表示中等湍流特性等级；

C 表示较低湍流特性等级；

I_{15} 风速为 15m/s 时湍流强度的期望值。

2）湍流对发电量的影响。湍流对风电场实际发电量的影响，在评估计算时体现在静态功率曲线和动态功率曲线上。目前行业内很多场合下，在评估发电量的时候所使用的功率曲线仍然为静态功率曲线，这是非常不科学的，因为静态功率曲线是假设环境湍流为 0 的情况下绘制出来的理想条件的功率曲线。在现实环境中湍流为 0 的情况是不可能存在的，这会造成对发电量的严重高估。科学的方法应该是根据场址的实际环境湍流，使用与之相应的动态功率曲线，为评估电量提供更明确和真实的依据。

以下是对两种功率曲线的简要说明：

① 静态功率曲线。静态功率曲线是理论功率值，它无法体现风机在真

实环境中的性能特点。它假设风速恒定，即湍流为 0 的情况下，给定不同的恒定风速，机组所对应的静态输出功率。静态功率曲线反映的是机组在理论上的最大发电能力。静态功率曲线基本上由所采用的叶片翼型的功率系数 C_p 决定的，无法体现风机本身在真实环境中如何应对湍流的动态性能特点。现实环境中不存在风速恒定，湍流为 0 的风况。图 3-10 为某 2MW 机型的静态功率曲线。

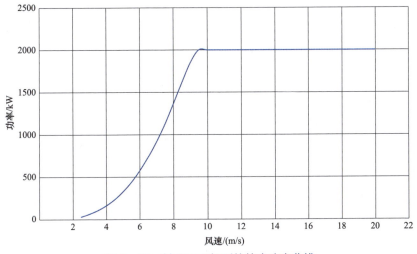

图 3-10　某 2MW 机型的静态功率曲线

②　动态功率曲线。动态功率曲线是实际功率输出及真实发电性能的表现，是指在考虑湍流条件下，即风速不是恒定不变的情况下，机组的实际功率输出。这个功率输出是通过风速在设定湍流条件下，机组控制系统实际响应下的功率输出。动态功率曲线能够客观科学地评价风电场发电水平。

图 3-11 是国内某风机的同一个机型在三种不同湍流条件下的动态功率曲线，分别代表了低湍流的功率曲线（TI=0.10）、中湍流的功率曲线（TI=0.13）以及高湍流的功率曲线（TI=0.16）。从三条曲线的对比图中可

以看出,在接近额定风速时,湍流越大,机组能够输出的功率相对越小,这是因为风速的剧烈波动使得机组将风能转换为电能的过程变得困难,转换效率变低。

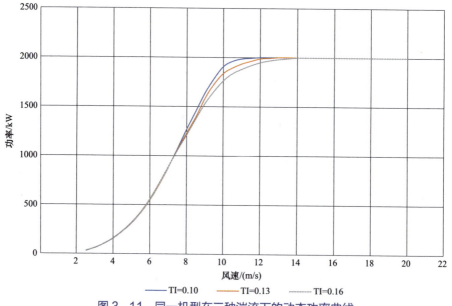

图 3-11 同一机型在三种湍流下的动态功率曲线

通过图 3-11 可以看到,动态功率曲线和静态功率曲线最大的差异是在额定风速附近。静态功率曲线在额定风速前后的区间是一个生硬的拐点,而动态功率曲线在这一风速区间显著低于静态功率曲线,这是实际风能转换效率和理论风能转换效率偏差最大的风速区间。风电机组在这个风速区间正是风机额定风速上下波动的范围,这时候的机组控制面临着一个尴尬的境地。理想情况下,当超过额定风速时,机组的控制目标是将风能卸掉,但不能多也不能少,正好够满发;而当风速低于额定风速时,机组的控制目标是尽量捕获最多的能量。但现实情况是瞬态风速会时而高于额定风速,时而低于额定风速,如果不采用激光雷达技术,很难预见下一时刻的风速。机组可能在风速高于额定风速时过度变桨而卸掉了更多的风能，导致不能满发。而当风速低于额定风速时，机组可能还处于上一时刻卸掉风能的变桨状态，导致风能转换效率进一步降低。如果是大叶轮机组，由于惯量大的原因，这种变桨调整的节奏会变得迟缓，能量的转化效率进而会更低。因此需要更好的智能控制方法提升机组在风速波动下的能量转化性能。动态功率曲线能够很好地体现不同风机在动态变化中的智能化水平和先进控制策略。

（3）湍流强度过大情况下的分析和处理。根据 IEC 61400-1 的要求，应计算每个风速区间下的湍流强度，每一个风速区间下风机承受的湍流强度均不能超过设计值。在风资源评估中常会遇到某个风速区间的湍流明显高出附近风速区间的湍流，或者出现无规律的波动，此时我们应关注这些风速区间的样本数量。如果其样本数量很少，例如不足 20 个，则可认为由于样本量太少，区间湍流不具有代表性。图 3-12 和表 3-5 为某风电场测风塔 90m 高度

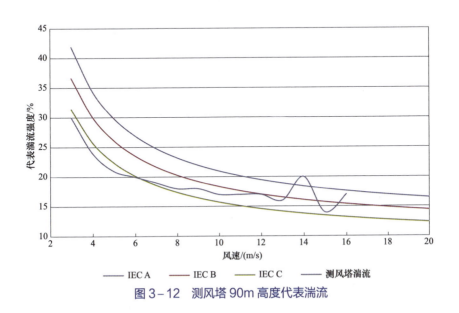

图 3-12 测风塔 90m 高度代表湍流

全年风数据的代表湍流强度，从图中可看出当风速大于 14m/s 之后，湍流出现明显的无规律波动，同时我们又发现 14m/s、15m/s 和 16m/s 风速区间样本数分别为 18 个、5 个和 3 个，则可认为样本数过少，这些区间的湍流不具有代表性。此时需要收集更多的测风数据加以核验，或者交给风机设计者和制造厂家来校核风机的安全性。

表3-5　　　　　　测风塔90m高度代表湍流信息

风速区间/（m/s）	数据样本数/个	代表湍流强度
3	8356	0.3
4	8616	0.24
5	7396	0.21
6	5796	0.2
7	4226	0.19
8	2717	0.18
9	1628	0.18
10	736	0.17
11	226	0.17
12	105	0.17
13	56	0.16
14	18	0.2
15	5	0.14
16	3	0.17

6. 其他气象因素

可能影响风电场运行的主要气象灾害有雷暴、覆冰和沙尘等。自然灾害会对风电场安全运行造成很大影响，因此在风机选型时需要联合风机制造商针对风场气象特点做好风机安全载荷复核，运行期间做好安全运行管理，加强灾害预警措施，做好隐患排查。在恶劣天气期间，必要时停止风机发电，确保安全。在前期的发电量测算中，适当考虑因恶劣天气影响造成的发电量损失。

（1）雷暴。雷暴是积雨云在强烈发展阶段产生的雷电现象。雷暴过境时，气象要素和天气变化都很剧烈，常伴有大风、暴雨、冰雹和龙卷风，是一种局地性的但却很猛烈的灾害性天气。由于风机和输电线路多建在空旷地带，处于雷雨云形成的大气电场中，相对于周围环境，往往成为十分突出的目标，很容易发生尖端放电而被雷击中，造成风力发电机组叶片损坏，发电机绝缘击穿，控制元件烧毁等，致使设备和线路遭受严重破坏。因此，雷暴活动是风电场、输电线路规划设计中必须考虑的重要气象参数。应加强风电场风电机组的防雷设计，根据不同的雷击损坏机理，对叶片、机舱、轴承等机械部件以及信号、控制线路等采取不同的防雷措施。虽然通过在叶片尖端安装雷电保护系统、在电气电路上安装避雷器等科学合理的防雷措施可以减少雷击灾害，但仍不能完全保证风力发电机组的安全，雷击成为对风力发电机组危害最大的自然灾害。

在前期的发电量测算中需要考虑因雷暴天气导致的设备故障造成的发电量损失，在综合折减系数中给予考虑。折减多少，可依据当地在运风电场的运行数据进行统计分析，可取多年损失的平均值。

（2）覆冰。在特殊天气情况下，比如温度接近零摄氏度又伴有较高的湿度，如冻雨或雨夹雪，风机叶片比较容易覆冰。风电场建成后，如果遇到叶片覆冰，叶片的空气动力学性能会受到影响，降低机组的发电效率。叶片表面的大量覆冰会引起风机的附加载荷与额外的振动，从而降低其使用寿命。在极端情况下，覆冰甚至会造成机组整体坍塌或局部破损。如果覆冰后风机

叶片继续旋转，这些冰脱落后会被抛出一段距离，为风电场运行埋下安全隐患。以上这些状况最终都会体现为风电场运行和维护的成本上升和发电效率的下降。风机叶片覆冰问题已成为制约易覆冰地区风电市场开发建设的重要因素。

2008 年初，贵州出现持续 20 天以上凝冻天气，造成全省电网大面积倒塔断线，电网被迫解列运行。据一些资料显示，贵州地区冬季的凝冻现象造成风机的年发电量损失高达 15%～20%。目前国内外还没有一套成熟的模型在风电场建设之前就能模拟测算出覆冰量及造成的发电量损失。所以，在前期风资源评估中，目前只能根据各地统计结果做适当的发电量折减。

（3）沙尘。沙尘中的颗粒对叶片造成磨损，长期的磨损作用会造成叶片的空气动力学性能下降，影响机组的发电量。常年的沙尘天气也会降低叶片使用寿命，降低机组的机械性能。

我国的沙尘暴主要发生在北方地区，春季是中国沙尘暴多发季节。南疆盆地、青海西南部、西藏西部及内蒙古中西部和甘肃中北部是沙尘暴的多发区，年沙尘暴日数在 10 天以上，南疆盆地和内蒙古西部两地的部分地区超过 20 天。准噶尔盆地、河西走廊、内蒙古北部等地的部分地区有 3～10 天。

3.2.2　50 年一遇最大风速

轮毂高度 50 年一遇最大风速是风电机组选型的重要指标，它是评估风电机组极限载荷的重要依据。在 IEC 61400－1 的风力发电机组设计安全等级表中，给出了各等级风力发电机组的最大参考风速。

1. 50 年一遇最大风速常用算法

（1）耿贝尔分析法。在《全国风能资源评价技术规定》中给出了依据气象站长期数据计算 50 年一遇最大风速的具体方法，其中要求收集气象站连续 15 年以上最大风速样本序列。首先应用耿贝尔分析法计算气象站位置 50 年一遇最大风速，之后依据气象站和风电场测风塔同期的逐小时或逐日的最大风速建立两者的大风相关方程，最后根据气象站 50 年一遇最大风速和相关方程推出风电场最大风速。

气象站 50 年一遇最大风速（V_{50_max}）计算方法如下：

风速的年最大值 x 采用极值 I 型的概率分布，其分布函数为：

$$F(x) = \exp\{-\exp[-\alpha(x-u)]\} \tag{3-1}$$

式中　u ——分布的位置参数，即分布的众值；

　　　α ——分布的尺度参数。

分布的参数与均值 μ 和标准差 σ 的关系按下式确定：

$$\mu = \frac{1}{n}\sum_{i=1}^{n} V_i \tag{3-2}$$

$$\sigma = \sqrt{\frac{1}{n-1}\sum_{i=1}^{n}(V_i - \mu)^2} \tag{3-3}$$

$$\alpha = \frac{c_1}{\sigma} \tag{3-4}$$

$$u = \mu - \frac{c_2}{\alpha} \tag{3-5}$$

其中，V_i 为连续 n 个年最大风速样本序列（$n \geqslant 15$），系数 c_1 和 c_2 见表 3-6。

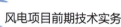

风电项目前期技术实务

表3-6 系数 c_1 和 c_2 参数表

n	c_1	c_2	n	c_1	c_2
10	0.949 70	0.495 20	60	1.174 65	0.552 08
15	1.020 57	0.518 20	70	1.185 36	0.554 77
20	1.062 83	0.523 55	80	1.193 85	0.556 88
25	1.091 45	0.530 86	90	1.206 49	0.558 60
30	1.112 38	0.536 22	100	1.206 49	0.560 02
35	1.128 47	0.540 34	250	1.242 92	0.568 78
40	1.141 32	0.543 62	500	1.258 80	0.572 40
45	1.151 85	0.546 30	1000	1.268 51	0.574 50
50	1.160 66	0.548 53	∞	1.282 55	0.577 22

若记 1971～2000 年的年最大风速序列为：V_1、V_2、V_3、…、V_{30}，则 μ、σ 按下式计算：

$$\mu = \frac{1}{30}\sum_{i=1}^{30} V_i \tag{3-6}$$

$$\sigma = \sqrt{\frac{1}{29}\sum_{i=1}^{30}(V_i - \mu)^2} \tag{3-7}$$

则

$$\alpha = \frac{1.112\,38}{\sigma} \tag{3-8}$$

$$u = \mu - \frac{0.536\,22}{\alpha} \tag{3-9}$$

测站 50 年一遇最大风速 V_{50_max} 按下式计算：

$$V_{50\_max} = u - \frac{1}{\alpha}\ln\left[\ln\left(\frac{50}{50-1}\right)\right] \tag{3-10}$$

（2）5d 风暴法。由罗斯贝波理论和自然天气周期概念，天气系统对一地的影响大约有 7～10d 的变化周期，但在不同的气候区域，又不尽相同。

考虑到中小尺度天气系统的影响，并且一次天气过程中可能会出现两个风速较大的时段，以 5d 最大 10min 平均风速取样，既能较全面地反映出较大风速的变化，也在一定程度上能屏蔽掉无效的或有干扰的样本。并且，在我国传统历法和物候中是以 5d 为候，这种候的概念反映了我国主要的物候变化规律。5d 最大 10min 平均风速不是严格的随机过程，样本概率之间不能严格地满足泊松分布，这主要是由于影响当地天气的系统变化所致。而对于 1 年以上的风速变化来说，5d 最大风速仍可认为是拟平稳随机过程，可以适用极值 I 型概率分布。因此，从本质上说，5d 最大 10min 平均风速取样法实际是耿贝尔分析法的一种变形。我国风电场内的实测风数据要求有 1 年序列，一个实测的高度上正好可以取得 73 个 5d 最大风速样本。以此 73 个样本，用极值 I 型概率分布算法，便可估算该高度上的 50 年一遇最大风速。

（3）5 倍平均风速法。威布尔曲线用于拟合风速的频率分布，由形状参数 K 和尺度参数 A 决定。中国地区的 K 值通常在 1.0～2.6 之间。根据欧洲经验，当 K 值在 1.8～2.3 范围内时，用 5 倍平均风速来计算 50 年一遇最大风速，即 $v_{50max} / v_{ave} = 5$ 是合适的。

（4）风压法。风压就是垂直于气流方向的平面所受到的风的压力。根据伯努利方程得出的风压关系公式：

$$W_p = 0.5 \rho v^2 \tag{3-11}$$

式中　W_p ——风压（N/m²）；

　　　ρ ——空气密度（kg/m³）；

　　　v ——50 年一遇最大风速（m/s）。

式（3-11）是用风速估计风压的通用公式。各地风压可以从建筑标准中的全国风压数值表或全国风压等值线图查找。

2. 各种方法比较和其在实际应用中的建议

（1）目前我国多数风电场距离最近的气象站普遍较远，地形地貌也相差很大，气象站与风电场测风数据的相关性不足；有些地区气象站观测的长期资料不够齐全，可用的气象观测站点相对较少，因此利用《全国风能资源评价技术规定》中给出的耿贝尔算法计算风电场 50 年一遇最大风速，很多情况下不适用，或者得到的结果参考价值不高。为此，在实际风电项目评估中，仅有短期实测数据的情况下，5d 风暴法、5 倍平均风速法和风压法常被采用。

（2）在我国传统历法和物候中是以 5d 为候，以 5d 最大 10min 平均风速取样反映了物候变化规律。用 5d 最大 10min 平均风速取样法估算场内各高度的 50 年一遇最大风速简便易行。但由于取样母体资料是 1 年实测风资料，其长期气候的代表性还是需要利用气象站资料进行修正，这种方法的适用性还有待于进一步的验证和讨论。

（3）风压法和五倍平均风速法计算较为简便，无须收集附近气象站的长系列资料。但计算结果的精确性不高，仅作为参考。

鉴于以上对各算法优缺点的分析，每个算法都不可避免地存在一定的不确定性和结果误差。采用不同方法计算出的结果经常存在一定差别。所以在风电场项目的实际评估中，应尽可能多地收集长期测站，结合多个长期观测数据，并选取多种方法进行综合分析计算，尽量降低评估的不确定性。在参考资料不全、难以准确评估出 50 年一遇最大风速时，也可收集附近已投运风电场的机型资料，作为参考，选出合适的机型。

3. 阳江海上风电场 50 年一遇最大风速评估实例

（1）项目概况。阳江海上风电项目位于广东省阳江市南鹏列岛南侧海域，场址水深在 23～32m 之间，距离陆地最近距离约 28km。风电项目场址区属亚热带海洋性季风气候区，台风影响十分频繁，凡登陆、影响珠江三角洲至湛江一带的热带气旋，对项目场址均可能造成较大影响。因此在项目前期阶段准确评估风电场海域极端风速至关重要，关系到风电机组的正确选型和生命周期的安全运行。

该项目极端风速评估采用自有测风塔数据和收集的数据。自测数据为项目海域测风塔数据，收集数据包括项目海域以西 85km 左右的博贺测风塔观测数据、项目海域附近气象站观测数据（含电白、阳江、上川岛共 3 个气象站）以及《CMA-STI 热带气旋最佳路径数据集》。各个观测站位置如图 3-13 所示。

图 3-13　阳江海上风电场及观测站位置

本项目工程抗风设计主要考虑海面上台风的强风特征，由于现场观测期间南鹏岛海上自有测风塔没有观测到有代表性的强台风，因此，需要补充采用广东省气象局设置在本项目工程海域西面约 85km 的博贺测风塔获取的台风观测资料。根据现有的台风观测情况，选取 2008 年 9 月 24 日登陆广东电白沿海 0814 号强台风"黑格比"的观测资料，"黑格比"的强风核心区经过了博贺测风塔。由于博贺测风塔距离本项目工程海域较近，同样处于近海，地理条件相似，因此其获取的强台风"黑格比"的观测数据和相关风参数，对本项目工程具有很高的参考价值。

（2）使用历史台风数据估算区域极端风速。风电项目海域大风主要来自台风、强冷空气和强对流天气，其中历年极端大风均由台风影响造成。有研究表明，台风最大风速半径（台风最大风速处距其中心距离）约为15～90km，台风发展过程中最大风速半径会不断变化，不同特性、强度的台风，其最大风速半径也会有所不同。据此设定以阳江南鹏岛海上风电项目中心位置为中心，100km为半径的圆形区域为台风影响评估海域，凡台风中心经过该海域，均可能严重影响风电项目工程海域。

台风资料取自中国气象局发布的1949～2016年《CMA－STI热带气旋最佳路径数据集》，该路径集数据时间间隔为6h，其中风速为2min平均风速。1949～2016年68年间中心经过评估区域的台风共101个，年平均为1.5个；最多的1974年有5个台风中心经过该区域；无台风中心经过该区域的年份有18年。在这101个台风样本中，涵盖了从热带低压到超强台风的所有等级热带气旋。在评估区域内的台风极端最低气压为935hPa（9615号强台风），台风极端最大2min平均风速为50m/s（5413号超强台风和9615、0814号强台风），根据2min和10min平均风速经验换算系数0.92，将2min平均风速换算为10min平均风速，最大值为46.0m/s。台风统计结果见表3-7。

表3-7　　评估海域内台风中心10min平均最大风速分级结果

风速分级	$U<30.0$m/s	$30.0≤U<37.5$m/s	$37.5≤U<42.5$m/s	$42.5≤U<50.0$m/s	合计
频数/个	70	25	3	3	101
频率/（%）	69.3	24.8	3.0	3.0	100

以阳江南鹏岛海上风电项目中心位置为中心，半径 100km 的范围作为台风影响海域，所有中心路径经过影响海域的台风均选取区域内中心最大风速值（距海平面 10m 高度）作为样本，组成样本序列，计算序列的分布极值。计算结果显示，台风影响海域内距海平面 10m 高度 50 年一遇 10min 平均最大风速为 53.7m/s，100 年一遇为 59.5m/s，见表 3-8。

表 3-8　　　　　　　　　　　　重现期风速计算结果

重现期/a	海平面 10m 高度 2min 平均最大风速/（m/s）	海平面 10m 高度 10min 平均最大风速/（m/s）
50	58.4	53.7
100	64.7	59.5

（3）使用附近气象站评估风电场极端风速。根据阳江南鹏岛海上风电项目所在区域地理位置、地形条件、气候特征等因素以及对参证站历史测风资料代表性、均一性的考虑，选取电白、阳江、上川岛 3 个国家地面气象观测站作为项目海域极端风速推算的备选参证站，短期测风资料来源于南鹏岛海上自有测风塔和博贺测风塔。极端风速推算基本思路和步骤为：

1）建立国家气象站年最大风速序列；

2）用极值 I 型概率分布函数计算出气象站距地面 10m 高度 50 年一遇的 10min 平均最大风速作为基本风速；

3）利用南鹏岛测风塔和博贺海上测风塔的实测资料，在与气象站同步观测资料相关分析的基础上，将基本风速向项目海域推算；

4）利用项目海域具有代表性的强风风廓线指数计算得到项目海域距海平面不同高度的 50 年一遇最大风速。

从表 3-9 的相关分析结果来看，博贺测风塔与电白气象站的相关最好，相关系数达到了 0.838，其余组合相关系数均在 0.7 以下，且博贺测风塔的观测时间最长，期间能观测到具有强台风代表性的"黑格比"台风，与本项目海域距离较近，同处粤西近海，地理条件相似，对本项目具有很高的代表性。同时，采用的参证气象站电白气象站与之距离较近，地理条件相似（靠近海岸线），其推算结果相对最为合理可靠，因此推荐采用博贺测风塔距海平面90m与电白气象站的推算结果，50年一遇的最大10min平均风速为55.0m/s。

根据阳江南鹏岛海上风电项目强风的风廓线指数 $\alpha = 0.048$，利用幂指数公式推算出项目海域距海平面不同高度的50年一遇最大风速。根据阳江南鹏岛海上风电项目强风的阵风系数1.30，推算项目海域距海平面不同高度的50年一遇3s阵风风速，见表3-10。

表3-9　　各测风塔距海平面90m高度的50年一遇10min平均风速　　　m/s

测风塔	气象站	R（相关系数）	样本平均值的比值（Y/X）	50年一遇风速
南鹏岛测风塔 D152158	电白	0.544	1.780	58.0
	阳江	0.371	1.570	59.3
	上川	0.347	1.338	55.4
南鹏岛测风塔 D152030	电白	0.591	1.736	56.6
	阳江	0.333	1.549	58.6
	上川	0.342	1.322	54.7
博贺测风塔	电白	0.838	1.687	55.0
	阳江	0.683	1.401	53.0
	上川	0.507	1.301	53.9

表3-10　　　　项目海域不同高度的50年一遇风速　　　　m/s

距海平面高度/m	10min平均风速	3s阵风风速
10	49.5	64.3
50	53.5	69.5
90	55.0	71.5
100	55.3	71.9

从评估结果看，由项目区域历史台风数据估算的距海平面 10m 高的 50 年一遇风速为 53.7m/s，高于上述推算的 49.5m/s，原因是采样区域台风估算范围较广（以项目位置为中心，半径 100km），含有几个历史上的超强台风，同时样本数据的获取方式和计算方法也有所不同。此外，从 0814 号强台风"黑格比"的观测情况看，博贺测风塔 100m 高度杯式测风仪观测到的最大 10min 平均风速为 48.5m/s，这是 2008 年观测到的结果，上述推算的 100m 高度 50 年一遇 10min 平均风速为 55.3m/s，高于"黑格比"的现有观测结果应该是合理的。

以上（2）和（3）中评估方法采用了相关标准规范推荐且公认的技术方法，满足现行规范要求。利用《CMA – STI 热带气旋最佳路径数据集》推算的区域台风极端风速比较安全可靠。但需要说明的是，目前相关规范标准推荐利用参证气象站和测风塔资料来推算项目海域极端风速，利用《CMA 最佳路径数据集》推算的区域台风极端风速可作为参考。

3.3 风 资 源 模 拟

3.3.1 模拟软件介绍和选择

目前风电行业内，根据计算模型的不同，可将风资源模拟软件分为线性和非线性两类。线性模型以 WAsP 为代表，非线性模型以基于流体力学（CFD）的 WT、WindSim 为代表。除此之外，还有两个应用较广的软件 WindFarmer 和 WindPRO，这两个软件具有风电场优化设计功能。

WAsP 是由丹麦 RisΦ国家实验室开发出来的风资源计算软件，为目前行业内应用最广的风资源评估软件。该软件以特定的线性数学模型为基础，通过输入气象数据、地形数据、地表粗糙度和障碍物等数字化信息，可以模拟风场范围内的风资源状况。WAsP 风流模型基于中性稳定的大气条件，适合中纬度的大部分情况。对地形相对简单、地势平坦的地区，WAsP 较为适用，但对于较复杂的地形，由于受许多边界条件等的限制，并不适合采用。线性模型假设风是附着地表流动的，因此适合地形较为平缓，即坡度小于 0.3 的情况。当坡度大于 0.3 时，脱流现象发生的概率增加，地形的加速效应不再遵循线性规律。WAsP 模型包含三个相互独立模型：障碍物遮挡效应模型、粗糙度改变模型和地形效应模型。这三个模型假设在 WAsP 中是独立的和线性的，因此可以相加减。实际上，这三个模型不可能完全独立。

目前非线性的计算流体力学（CFD）软件在风资源评估中得到广泛应用，这类软件更擅长计算丘陵、山地等复杂地形的风电场项目。CFD 软件首先需要强大的计算能力支撑，如今单机计算能力的迅速提升，为 CFD 提供了技术条件。CFD 模型往往还需要非常专业的人员操作，不同的操作者可能得到迥异的结果。商业化的风资源评估软件的不断成熟，在一定程度上降低了对工程师的要求和人为因素的影响，因此得到了广泛的应用。CFD 模型的基本思路可归结为：把原来在时间域和空间域上连续的物理量的场，如速度场，用一系列有限个离散点上的变量值的合集来代替，通过一定的原则和方式建立起关于这些离散点上场变量之间关系的代数方程组，然后求解代数方程组，获得场变量的近似值。理论上，CFD 模型可以应对近地层风流的非线性效应，在复杂地形和障碍物或森林存在的情况下更具优势。

目前绝大多数软件都内置了优化设计功能模块。优化设计功能主要是在用户给定避让区域、间距等约束条件下，能够自动优化风机布局或考虑成本以优化工程整体设计，以获得最大发电量或经济效益。

3.3.2　模拟计算

WAsP 模型适用于地形简单区域的项目，且模型比较简单，在此不再赘述，WT 为比较成熟的商用 CFD 软件，行业内应用较广，本书主要以 WT 为例介绍 CFD 模拟过程。模拟计算包括数据资料准备和输入、参数设置、以及结果分析和调整。由于 CFD 流场模拟比较复杂，参数设置涉及许多经验性取值，不同的工程师在对同一个项目使用相同的软件进行计算时，由于准备的数据资料、参数设置或结果分析调整上的差异，得到的测算结果往往存在较大的差异，因此在模拟计算时需要特别注意。下面主要针对数据资料准备和参数设置中涉及的一些共同点和需要注意的问题加以介绍。

1. 测风数据文件的准备

大多数软件都可以输入 TAB 格式测风数据文件或一个高度的时间序列文件。TAB 格式文件是针对某一特定高度的风速按照风向扇区统计各个风速区间的发生频率，风向扇区可以为均分的 12 扇区、16 扇区等。

理想情况为输入的测风数据的高度与风机轮毂高度一致，但现实情况可能没有与风机轮毂相一致的测风高度，多数软件允许直接输入测风塔某一高度的测风数据，之后软件在模拟计算时依据地形、粗糙度和设置的热稳定度将其推算到轮毂高度，这样的推算会丢失风切变与时间因素的关系，使轮毂高度处的风速频率分布产生偏差，进而导致发电量测算出现误差。从图 3-14 风速的日变化可以看出，风切变值在一日内是不断变化的，正午前后风切变值最小，其余时间较大，并不是一个常数。所以使用与时间没有关联的外推方法或者平均风切变值外推的风速，在发电量测算中存在很大的不确定性。因此建议计算每一个时间区间（如 10min 或 1h）的风切变指数，并用该指数外推轮毂高度处的时间序列风速。

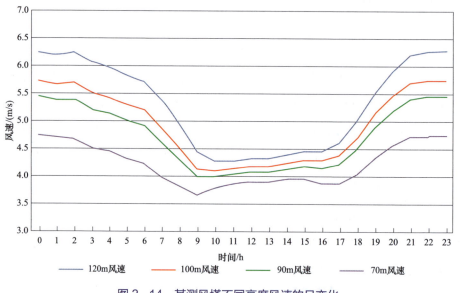

图 3-14　某测风塔不同高度风速的日变化

2. 地图文件处理

对于等高线地形文件，通常软件只能识别带有高程数据的曲线类型，不能识别面域类型。然而风资源工程师拿到的测绘地形图可能是既有曲线又有面域类型的文件。在 WT 软件中，如果一个地形图文件中既有曲线又有面域，导入软件后，因为不能识别面域部分，面域部分会呈现空白，按空白等高线模拟。所以在地形图导入软件之前，最好先在地形图软件中检查一下，如果存在面域类型，先将面域转换成曲线类型。GlobalMapper 地形图软件中提供了相应的转换工具，操作步骤大致为：拾取全部面域—转换成曲线类型—删除面域，如图 3-15 所示。

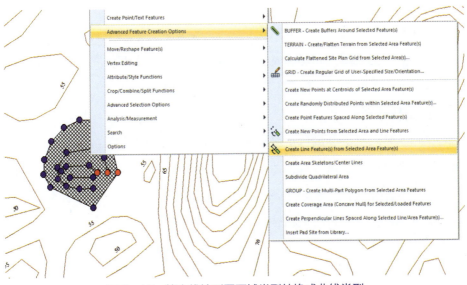

图 3-15　等高线地形图面域类型转换成曲线类型

　　测绘的等高线地形图（如 1:2000 比例尺）一般只测绘风机及工程建设范围内的区域，范围较小，还有的项目仅测绘了山脊位置的地形，用于满足微观选址和工程建设的需要。但在风资源模拟过程中，这样的地形图可能会导致模拟结果准确度的降低。对于复杂地形的风电项目，我们还需要对测绘地形图进行必要的外围扩展处理。目前扩展所使用的地形图多为分辨率相对较低的卫星地图。究竟扩展多少合适，取决于风电场周围的地理环境对风电场产生的最大影响距离。例如风电场外围有一座较高的山体，可以将山体视作一个高大障碍物，障碍物的影响距离由其宽高比决定，当宽高比小于 5 时，影响距离可达障碍物高度的 10～20 倍，当宽度远远大于高度时，影响距离可达障碍物高度的 35 倍。因此，如果风电场在山体的影响范围内，那么地形图扩展时就应该包含这座山体。

　　粗糙度地图的大小也应根据风电场周围的地表环境来确定。由于粗糙度对风速的影响有一个延缓滞后的过程，远处的粗糙度长度对风电场内风况的

影响更大，当远处粗糙度长度发生大范围的突变时，在其影响范围内的风电场近地面形成内部边界层，其风况是突变前后两种粗糙度共同作用的结果。行业的一些研究表明，粗糙度发生突变位置与最外面的风机的直线距离至少为轮毂高度的 100 倍时，粗糙度影响基本可以消除。

3. 坐标转换

在输入风机机位和测风塔坐标前，首先确保风机机位、测风塔与地形图属于同一个坐标系。风资源评估中最常遇到的情况是测风塔使用度分样式的经纬度坐标，而地形图却是西安 80 或者 CGCS2000 坐标系。当坐标系不一致时，需要将机位、测风塔坐标转换成地形图所采用的坐标系。有些地形图故意做了加偏处理，测风塔或机位坐标转换后，在地形图上会存在几米甚至几十米的位置误差。因此坐标转换完成后要检查坐标点是否准确地落在了地形图上。对于复杂地形的项目，即使很小的位置错误也会使发电量测算产生很大的误差。可依据实际地形、地标或求助测绘、微观选址的单位进行位置校正。

4. 风速外推

风资源模拟软件一般都是先模拟出某一点每个方向上的预测风速与测风塔处风速的比值，也叫加速比，再用该点每个方向上的加速比乘以测风塔的观测风速就可以得到该点对应的风速。通常假设给定风向上的加速比不随风速变化，因而，预测点处风速频率分布形状仅是测风塔的风速频率分布按比例平移，而没有其他改变。实际上，受地形地貌等因素的影响，点与点之间的风速频率分布的形状是不同的，这是多数模拟软件的一个缺点。

对于面积较大或地形地貌复杂的风场，通常会有多个测风塔，软件使用多塔综合外推预测点风速。多塔风场常用以下两种方法外推预测点风速：一种是按照风机点位距离测风塔的远近，由软件将风机分配给距离最近的测风塔，根据最近的测风塔外推该风机点位的风速；或者由工程师按照自己的标准将风机点位分配给指定的测风塔。每个测风塔的模拟是相互独立的。这种方法很实用，但有时也存在问题，比如当使用多个测风塔单独外推同一个预测点时，经常出现风速不一致的情况。这是风流场建模不准确的一个反应。多塔风场外推风速的另一种方法是让每个测风塔都做出应有的"贡献"，即多塔综合外推。外推前为每个测风塔赋予权重值，使用加权平均的算法进行预测点风速外推。该方法的关键、也是最具挑战的一点是确定每个测风塔的权重值。一个相对简单的合成技术是根据与测风塔距离的平方倒数给每个测风塔赋予权重。该方法隐含的假设是预测风速完全取决于与每个测风塔的距离，而实际上还取决于预测点与测风塔之间地形的相似性和其他条件。但是在实际中，考虑多因素综合来赋予权重值的方法操作起来太复杂太困难。一种多塔综合外推风速的公式如下：

$$\overline{v_{pij}} = \frac{\sum\limits_{j=1}^{M} \dfrac{v_{pij}}{d_{pj}^2 + C}}{\sum\limits_{j=1}^{M} \dfrac{1}{d_{pj}^2 + C}} \qquad (3-12)$$

式中　　M ——测风塔数量；

　　　v_{pij} ——根据测风塔 j 外推 p 点在 i 方向的预测风速；

　　　d_{pj} ——预测点 p 距测风塔 j 的距离；

　　　C ——平滑常数，避免 d_{pj} 距离为零时分式无意义。

5. 尾流模型的选择

气流通过旋转的风机叶轮时流动状态发生改变，同时在风机下游形成风速下降的区域，该区域被称为尾流区。尾流的紊流结构会导致下游风机产生疲劳载荷，使风机的性能受到影响，也会使功率输出减小，导致整个风电场的总功率输出受到影响。风资源评估软件中都内置了各种尾流模型，下面简单介绍几种常见的尾流模型的原理和特点，为大家在选择尾流模型时提供参考。

（1）Jensen 模型。Jensen 模型是丹麦 RisФ 国家实验室的 N.O.Jensen 于 1983 年提出的，目前风资源评估软件 WAsP、WT 中都内置了该模型。该模型为一维线性尾流模型，不考虑湍流效应的影响，近似认为尾流影响区域随距离线性扩张，风轮后风速线性恢复，风轮影响区是圆锥形，且沿截面均匀分布，其流场如图 3−16 所示。该模型的运算效率较高，一般常用在风机优化布置计算中。

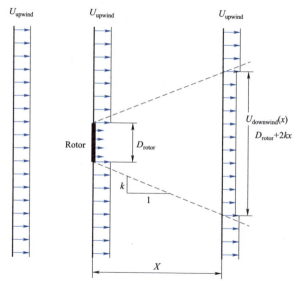

图 3−16　Jensen 尾流模型示意图

根据 Jensen 尾流模型，距离叶轮面任意距离 x 处的风速为

$$U_{\text{downwind}}(x) = U_{\text{upwind}}\left[1 - (1 - \sqrt{1 - C_t})\left(\frac{D_{\text{rotor}}}{D_{\text{rotor}} + 2kx}\right)^2\right] \quad (3-13)$$

式中　U_{upwind}——风轮面前的起始风速；

C_t——风力发电机组的推力系数；

D_{rotor}——风轮面的直径。

k ——尾流坡度常数。

尾流坡度常数是通过模拟和测量定义的，在 WAsP 中由用户自己设置，该值应设定成多少，很难把握，常为经验值，一般对于陆地上大范围的草原地形风电场 k =0.075，海上风电场 k =0.04。

（2）涡漩黏性模型。1988 年，Ainslie 假定尾流区二维轴对称，采用涡漩黏性理论求解 $N\text{-}S$ 方程，从而求得流场各相关参数，得到二维轴对称涡漩黏性理论的尾流模型，该模型考虑了自由空气和风机运行对风轮后风速的湍流影响，风速沿截面方向是非均匀分布。计算模型中，湍流强度的影响与计算分为两部分：外界自由空气的剪切所造成的湍流影响和风机自身旋转所造成的湍流影响。此外，模型中风轮影响区一般分为三个区域：近尾流区、过渡区和远尾流区。各区域边界条件计算方法各不相同，如 GH 模型中近尾流区长度假设为 2 倍风轮直径，UO 模型和 FLaP 模型则根据经验公式计算得到。该模型运算较为复杂，效率较低，但计算精度相对高，一般常用于流场与风力机发电量的精确计算。

（3）基于 CFD 的尾流计算。随着 CFD 技术的发展，有学者开始尝试利用 CFD 研究风力机尾流。1996 年，罗伯特戈登大学的 Magnusson 等基于三维 CFD 的计算模型把不同方向的平均风速、平均湍流脉动以及平均压力作为自变量，设定上边界、侧边界、地面边界以及进出口边界条件，采用 $k\text{-}\varepsilon$ 湍流模型求解 $N\text{-}S$ 方程得到流场中各网格点处的参数值而得到 RGU 模型。正确的边界条件是获得满意结果的关键，如果各边界条件设定合理，基于三维 CFD 的尾流模型在计算风电场风机尾流时相对较精确，尤其对于复杂地形的风电场区域，相比其他尾流计算模型有较大的优势。

（4）致动盘模型。近年来致动盘尾流模型在风资源评估得到应用。致动盘理论是用均匀分布在一个零厚度可穿透圆盘上的等效力来替代风轮在流场中所受的力。基于致动盘的概念，Glauert 系统地提出了叶素动量理论（BEM

理论），成为空气动力学上的一个重大突破。近年来，研究人员通过将 BEM 理论与常规的 CFD 方法相结合，即先用 BEM 理论求解风轮叶片的气动力，再将气动力作为体积力源项作用到流场中，通过 N−S 方程求解流场，产生了各种各样改进后的致动盘模型。根据国内的一些研究表明，致动盘模型相比于线性尾流模型，对平原及海上的大型风电场，模拟的准确度要更高，相比其他 CFD 模型，又能较好的兼顾到计算资源的利用以及效率。

3.3.3　软件结果分析和处理

每个软件都有其计算误差，如何才能减小误差，将计算结果尽可能地修正到接近真实值，是风资源工程师需要做的工作。然而在项目的实际评估中，由于风资源评估工作复杂、项目工期紧迫等原因，可能仅依靠软件测算的直接结果给出最终的评估结论，这种做法经常会造成较大的评估误差，导致企业错误的决策。

对于风速的软件模拟结果，需要分析每个机位点的模拟风速是否存在误差。分析方法主要有三种：一是在输入条件一致的情况下，应用多个软件模拟相互验证，综合判断和修正误差；二是根据地形地貌相似性原理，估计与测风塔具有相似地形地貌的风机位置处的风速，检查模拟风速是否相吻合，这对工程师的经验要求较高；三是通过雷达短期测风或补立测风塔验证和修正模拟风速。就目前的技术水平来说，降低模拟风速误差最可靠的手段是在前期安装足够的代表性测风塔，同时确保测风数据的质量。

风机排布后的尾流和湍流是一对因果关系，一般尾流越大，所产生的附加湍流效应就越大。因此，在分析尾流和湍流的模拟结果时，如果因附加湍流过大导致的综合湍流过大，超出了风机的设计水平或经风机厂商复核载荷后不满足要求，需要适当调整前后风机的位置，减小尾流影响，从而降低湍流。通常情况下，风资源评估和载荷分析工作是由不同的工程师完成，风资源评估工程师常常预先设定一个尾流的上限值，一般为 8%～10%，超过预设值，在风资源评估阶段、载荷分析前就对机位做出调整。总之，出于安全考虑，将尾流控制在一个合理的范围内，可以避免或降低因风资源评估和载荷分析的误差带来安全隐患。

有些软件是以发电量最大作为优化排布的条件，然而发电量最大并不代表项目收益率最高。有时发电量最大的位置可能由于工程施工难度大、道路和集电线路投入成本高等原因而导致建设投资较大，项目收益率反而达不到企业要求。所以，在软件完成优化排布后，需要再结合环境、工程建设和工程经济等综合分析风机位置是否合适，进而做出相应的机位调整。

第 4 章
发电量估算

风电场发电量主要由场址处的风资源和所选用的风电机组共同决定。风是场址范围内的自然现象，有其自然属性，我们只能在研究清楚风资源特点的基础上科学利用风资源，其特点和年际变化不受人为影响。风电机组是将风的动能转化为机械能然后再转化为电能的设备，由于风资源无法改变只能利用，因此，风电机组的选择尤为重要，风电机组的合适与否将会直接影响风电场的发电量。如果"三北"地区等优势风资源区选择Ⅲ类等低风速风电机组，风电机组的安全性会受到影响，更谈不上风电场的发电量水平；如果我国南方或中东部低风速区选择Ⅰ类风电机组，风资源将无法得到充分利用，导致发电量偏低。

　　国际上通用的发电量评估方法是采用测风资料、数值天气资料、地形资料、地表粗糙度资料、地表障碍物资料和风电机组功率曲线运用发电量计算软件（WAsP、WindFarmer、WT、WindSim 等）计算出理论发电量，再通过折减和不确定性分析计算出不同风险概率下的风电场发电量。

　　国内风电场发电量估算方法采用测风资料、气象站资料、中尺度气象数据、地形资料、地表粗糙度资料、地表障碍物资料和风电机组功率曲线运用发电量计算软件计算出理论发电量，主要通过折减计算出风电场发电量。

　　国际上通用的发电量评估方法与国内风电场发电量估算方法之间的主要区别是，国际上将影响风电场出力的因素分为两种，一种是可能发生的，一种是必然发生的；国内风电场发电量估算方法将影响风电场出力的因素都看作必然发生因素。

　　由于本书着重研究国内的风电场，且国际上风电场发电量评估方法在国内项目评估中使用较少，在业内也没有形成较为一致的认识，在此暂不对国际上通用的发电量评估方法进行论述，只论述国内风电场发电量评估方法。

　　国内风电场发电量估算方法中的核心工作是如何科学地将理论发电量折算成实际发电量，因此，综合折减系数的取值成为核心。综合折减系数一般由如下各项组成：尾流折减、空气密度折减、控制及湍流折减、叶片

污染折减、风电机组可利用率折减、风电机组功率曲线保证率折减、场用电和线损等折减、气候影响折减、软件计算误差折减、电网频率波动与限电等。

4.1 国内早期风电项目折减系数取值

国家发展改革委于 2009 年 6 月 2 日在《关于对中国风电发电量折减问题的说明》中对风电各种折减系数进行了权威技术说明。

风电场理论发电量：指根据风电场现场实际测风数据，并结合一定的风能资源评估手段，计算出各风电机组理想状态下的发电量。计算风电场理论发电量时，未考虑各风电机组之间的相互尾流影响，风速风向是否稳定及其他不利于发电的气候条件，以及风电机组、电气设备、电网有无故障，风电场厂用电和线损等因素。

风电场发电量折减：指对影响风电场实际出力的因素进行逐个分析，得出各因素所引起的风电场发电量减少的数值。折减因素包括但不限于风电机组尾流影响、空气密度、低温等气候条件、控制和湍流、风电机组可利用率、风电机组功率曲线保证值、厂用电、线损等。具体的折减系数定义和取值如下：

1. 尾流折减

指风电机组间由于相互影响而降低的发电量，反映了风电场风电机组的排布效率，尾流折减一般利用风能资源评估专业软件计算。

2. 空气密度折减

指用于发电量计算的风电机组功率曲线对应的空气密度与现场空气密度不一致时，风电机组受此影响而降低的发电量，视具体情况计算而定。

3. 控制和湍流折减

指由于风电机组受风电场内湍流等风况影响而降低的发电量。其典型折减数值可在 5%左右。

4. 叶片污染折减

指由于叶片表面污染，影响了其对风能的捕获能力而降低的发电量。其典型折减数值可在 6%以内。

5. 风电机组可利用率折减

指由于风电机组本身质量问题，降低了正常工作时间而减少的发电量。由于国内风电机组制造商设计运行经验不足，机组技术成熟度较低，制造工艺较差，售后服务跟不上等原因，风电机组可利用率常达不到设计值，其典型折减数值为 5%～10%。

6. 风电机组功率曲线保证率折减

指风电机组实际功率曲线达不到设计值，从而降低的发电量。风电机组厂商提供的功率曲线保证率一般为 95%，此项折减的典型值为 5%。

7. 场用电、线损等折减

指风电机组发出的电力，在集电线路中的损耗和场内自用的损耗，其数值可以根据风电场设计方案估算得出，典型值一般在 3%～10%之间，视具体情况而定。

8. 气候影响折减

气候影响折减指风电机组在遭遇包括低温、冰霜、凝冻、台风、极端风况等特殊天气时由于风电机组停机造成的发电量降低。其典型值一般在 3%～7%之间，视具体实际情况而定。

9. 软件计算误差折减

由于发电量计算软件对风电场适应性不好，可能造成对理论发电量估计过高，需要进行折减。其典型折减数值一般在 5%～10%之间。

10. 电网频率波动与限电等折减

由于电网的频率波动，为保障电网安全而暂时限电等影响，风电场会由于暂时脱网而影响风电场上网。其典型数值一般在3%～5%之间。

11. 大规模风电场尾流折减

指由于大规模开发风电场，影响了小区域内的风况特征，使得风能无法及时得到恢复，从而降低了风电场的整体出力。对于此种影响的分析方法和折减的具体数值，国际国内仍处于探索中。

根据水电水利规划设计总院的调查和统计，中国风电项目折减系数范围大致在20%～45%之间。

4.2 折减系数取值研究

国家发展改革委提出的折减系数取值范围对我国早期风电场设计和评估起到了指导性作用，该取值范围一直使用到2011年。随着"三北"地区出现限电，各风电开发企业纷纷转向南方地区，这一指导意见受到了质疑。质疑方面主要认为该取值范围过于保守，按当时普遍采用 35%综合折减系数，南方地区如贵州、云南、湖南、湖北、四川等山区风资源较差，不具备开发价值，致使 2011 年风电开发企业非常迷茫。"三北"地区出现限电，国家在逐渐限制规模，而南方地区地形条件复杂，风资源较差，且测风工作困难，进场条件差，建设难度高，投资高，项目收益较低，限制了南方项目的开发。为了开发南方风电项目，对南方低风速项目的发电量进行重新评估变得更为必要。要想高估项目上网电量，减小折减系数，就需要对已运行的风电场进行后评估，弄清楚各折减系数更为真实的取值，以便对未来风电项目进行更为客观的评估。

作者于 2011 年利用 2010 年的运行资料对新疆达坂城某运行 5 年的风电场进行了后评估，以重新认定风电场的折减系数。

4.2.1 数据收集和处理

本书收集了风电场 1:2000 测绘图、风电机组机位坐标、机组功率曲线、测风塔坐标、2010 年全年测风资料、2010 年全年风场 SCADA（数据采集与监视控制系统）运行资料。风资源数据和 SCADA 数据的资料整理和数据插补订正按《风电场风能资源评估方法》（GB/T 18710—2002）整理，文中不再对进行累述，着重论述风场中各折减系数的统计。

4.2.2 折减系数统计

1. 尾流折减

根据空气动力学理论，气流流过前排风电机组后，前排风电机组的尾流必然会影响后排风电机组的出力，风电机组排布效率反映了前后风电机组之间的相互影响强弱。尾流计算模型是依据空气动力学理论建模，根据风电机组的排布方式、轮毂高度、桨叶长度、机组推力系数等参数计算出风电机组之间的相互影响。本书中根据现场风电机组的机位坐标、轮毂高度和桨叶长度用 WAsP 和 WindFarmer 复核了风电机组排布效率。项目安装 20 台 GE1.5MW 风电机组，风电机组轮毂高度 65m，桨叶直径 70.5m，图 4-1 为风电机组排布图，风电机组的行距为 8.5D，列距 5D。经 WAsP 计算，全场平均尾流强度为 2.80%；采用 WindFarmer 计算，全场平均尾流强度为 2.71%。目前行业内普遍对尾流模型有一定的质疑，认为低估了尾流效应，尤其是在粗糙度较小的场址，但业内对风电场的尾流模型研究还较少，没有提出更为精确的尾流模型，本书还采用现有的尾流模型。

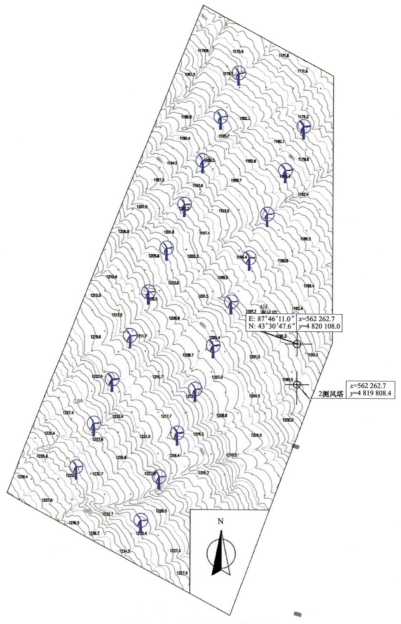

图 4-1　风电场机位排布图

2. 功率曲线保证率折减

功率曲线保证率反映了风电机组实际功率曲线与合同功率曲线之间的差异，实际功率曲线较合同功率曲线越低，表示功率曲线保证率越低，反之越高。功率曲线是风电机组的基本属性，同一型号风电机组理论上功率曲线是一样的，但在风电机组制造过程中由于生产工艺、技术水平、质量控制水平等原因，同一型号风电机组之间实际功率曲线往往存在一定的差异，同时风电场实际运行条件也会影响风电机组的实际功率曲线。目前，风电机组采购合同中厂家承诺质保期内风电机组功率曲线保证率为 95%，在风电场发电量估算中功率曲线保证率根据经验也采用 95%。风电场安装 20 台 GE1.5MW 风电机组，统计出 20 台风电机组平均的 12 个月的实际功率曲线见表 4−1。研究发现，GE 风电机组同型号之间，实际功率曲线差异较小，我们认为用一条平均的功率曲线代替整个风场所有风电机组的功率曲线是可行的。由于不同季节，空气密度差别很大，实际功率曲线变化很大，为了降低误差，使得测定的方法合理，测定结果精确，本书分 12 个月研究每月的功率曲线，然后再订正到标准密度下的功率曲线，结果见表 4−2，最后将 12 个月的标准功率曲线进行加权平均，计算出年标准功率曲线。表 4−3 为修正到标准空气密度下月功率曲线与年平均功率曲线的误差，从表中可以看出，误差比较小。图 4−2 为 GE1.5MW 风电机组实际功率曲线与合同功率曲线对比图，从图中可以看出，风电机组进额定功率前，实际功率曲线与合同曲线非常接近，误差约 1%～2%。GE 公司为保证风电机组实际功率曲线不低于合同功率曲线，将额定功率由 1500kW 提高到 1580kW，约提高 5%。从图中 4−2 可以看出，风场运行 5 年后，实际功率曲线与合同功率曲线差异不超过 1%～2%，且实际额定功率要高于合同额定功率。

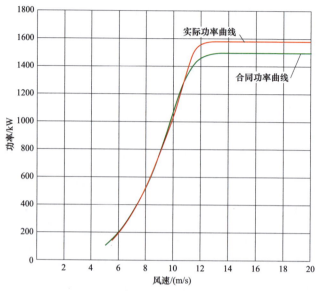

图 4-2　GE1.5SE 风电机组实际功率曲线与合同功率曲线对比图

表 4-1　　　　　　　　　　　　风电场 1～12 月实际功率曲线

风速	1 月	2 月	3 月	4 月	5 月	6 月	7 月	8 月	9 月	10 月	11 月	12 月
5	130.0	131.2	138.9	122.8	119.5	117.8	114.0	117.3	116.6	126.6	130.6	136.6
6	257.9	256.2	255.0	239.5	234.3	212.7	215.7	218.0	222.2	227.3	248.5	265.3
7	417.4	437.2	417.6	398.1	381.6	357.1	352.7	360.1	363.9	387.2	409.3	437.1
8	626.3	683.3	635.7	609.2	606.4	582.5	566.3	560.6	556.6	601.2	633.4	667.8
9	890.3	925.5	929.0	865.1	853.2	844.5	823.9	808.9	809.7	864.1	907.2	951.9
10	1204.9	1198.1	1213.0	1166.3	1115.3	1104.7	1080.2	1046.8	1058.3	1133.9	1189.3	1241.8
11	1421.8	1463.3	1454.8	1417.3	1350.8	1376.6	1307.9	1256.3	1307.3	1398.9	1436.3	1474.2
12	1557.1	1559.6	1553.8	1557.5	1501.8	1541.8	1459.4	—	1508.9	1547.3	1560.3	1557.6
13	1572.5	1578.5	1474.1	1568.3	1552.6	1571.0	1569.7	—	1571.3	1575.0	1575.4	1576.9
14	1576.0	1581.7	1577.0	1570.5	1560.5	1580.0	1578.1	—	1576.6	1578.6	1577.2	1582.0

注：8 月份没有出现 12m/s 以上的风速。

表 4-2　风电场 1～12 月订正为标准空气密度下的实际功率曲线

风速	1 月	2 月	3 月	4 月	5 月	6 月	7 月	8 月	9 月	10 月	11 月	12 月	年平均
5	137.2	138.4	149.4	137.7	138.7	140.1	136.8	139.3	135.9	143.5	143.1	144.0	140.4
6	272.2	270.2	274.4	268.6	271.9	253.3	259.0	259.1	259.2	258.0	272.3	279.8	266.5

续表

风速	1 月	2 月	3 月	4 月	5 月	6 月	7 月	8 月	9 月	10 月	11 月	12 月	年平均
7	440.6	461.1	449.5	446.4	443.0	425.2	423.6	428.0	424.6	439.4	448.5	460.9	440.9
8	661.2	720.5	684.2	683.2	703.7	693.2	679.8	666.2	649.4	682.2	694.0	704.2	685.2
9	937.0	973.2	995.6	963.4	980.5	995.7	978.0	951.9	934.0	967.6	988.7	1000.9	972.2
10	1268.0	1259.8	1300.0	1298.8	1281.7	1302.5	1282.2	1231.8	1220.7	1269.7	1296.2	1305.8	1276.4
11	1496.3	1538.7	1559.2	1580.0	1552.3	1580.0	1552.5	1478.4	1507.9	1566.4	1565.4	1550.1	1543.9
12	1580.0	1580.0	1580.0	1580.0	1580.0	1580.0	1580.0	1580.0	1580.0	1580.0	1580.0	1580.0	1580.0
13	1580.0	1580.0	1580.0	1580.0	1580.0	1580.0	1580.0	1580.0	1580.0	1580.0	1580.0	1580.0	1580.0
14	1580.0	1580.0	1580.0	1580.0	1580.0	1580.0	1580.0	1580.0	1580.0	1580.0	1580.0	1580.0	1580.0

表 4－3　　　　　　　　　风电场各月与年平均功率误差　　　　　　　　　%

风速	1 月	2 月	3 月	4 月	5 月	6 月	7 月	8 月	9 月	10 月	11 月	12 月
5	−2.24	−1.42	6.48	−1.90	−1.20	−0.15	−2.52	−0.74	−3.14	2.26	1.93	2.63
6	2.15	1.39	2.98	0.78	2.04	−4.96	−2.81	−2.79	−2.75	−3.18	2.17	4.98
7	−0.07	4.57	1.95	1.26	0.47	−3.56	−3.92	−2.93	−3.71	−0.34	1.72	4.55
8	−3.50	5.16	−0.13	−0.29	2.71	1.17	−0.78	−2.77	−5.22	−0.44	1.29	2.79
9	−3.62	0.10	2.41	−0.90	0.85	2.42	0.60	−2.09	−3.93	−0.48	1.70	2.95
10	−0.66	−1.30	1.85	1.76	0.41	2.04	0.45	−3.49	−4.36	−0.53	1.55	2.30
11	−3.08	−0.34	0.99	2.34	0.54	2.34	0.56	−4.25	−2.33	1.46	1.39	0.40
12	0.00	0.00	0.00	0.00	0.00	0.00	0.00	0.00	0.00	0.00	0.00	0.00
13	0.00	0.00	0.00	0.00	0.00	0.00	0.00	0.00	0.00	0.00	0.00	0.00
14	0.00	0.00	0.00	0.00	0.00	0.00	0.00	0.00	0.00	0.00	0.00	0.00

3. 风电机组可利用率

风电机组可利用率反映风电机组实际性能，实际运行中，故障越少，则可利用率越高，电量损失越少，反之，可利用率越低。风电机组的实际可利用率计算方法如下：

$$可利用率（a）= \frac{SOT + 非故障停机时间 + 非买方原因故障停机时间}{SOT + RT + DT + 非故障停机时间} \times 100\%$$

（4－1）

式中　SOT（系统正常时间）——风电机组能够发电的时间，实际上风电机组可能会发电，或由于低风速等其他原因不发电。SOT 以控制系统记录时间为准。

RT（修理时间）——由于非计划检修造成风电机组退出运行的时间。影响 RT 状态计时器的因素：检修状态 DT、RT 按控制器记录时间为准。

DT（故障时间）——由于风电机组内部问题，如设备跳闸等，风电机组不能够用来发电的时间。

非故障停机时间——由于外界原因引起的风电机组非故障停机，包括 LOT（线路停机时间）、WOT（天气停机时间）、EST（外部停机时间）、MT（维护时间），这些时间的统计以控制器记录时间为准。

非卖方原因故障停机时间——指由于以下原因造成的故障停机时间：不可抗力（如雷击、洪水或水灾等）、偷窃或破坏、不属于质保范围的损害、非卖方供货范围内的设备原因、故障响应时间（每台每年最多不超过 48h）等，这些时间按现场经双方工作人员确定的时间来计算。

MT（定期维护）——卖方两年质保期内需要的定期维护时间：每台 50h/年。定期维护时间以实际发生时间为准。如果实际维护时间（MT 计时器的时间）超过卖方需要的定期维护时间，则超过的时间将不计算为年可用时间。

风电机组可利用率最初的作用是约定质保期内风电机组能高效运行；质

保期过后，风电机组转由风场自己运行，风电机组可利用率还反映风场运维人员的运维水平。目前，合同约定的质保期内，风电机组的可利用率不低于95%，而质保期之后，并没有约定风电机组的可利用率，风电场发电量估算方法中风电机组可利用率采用 95%。由于我国风电发展迅速，技术人员运维水平增长并不能满足风电快速发展的需要，各风电场运维水平也参差不齐。研究风场采用 GE1.5MW 风电机组，风场已运行 5 年，风电机组进入了稳定运营期，研究分析风电机组的可利用率非常有意义。由于风电机组可利用率统计以时间作为计算单位，存在一定的误差，且风电机组在出现故障后，运维人员为维护方便，会将风电机组开关放到 shut down 状态，这样会人为降低风电机组的故障率。另外，不同的风电机组采用不同的 SCADA 系统设计，故障率设计上也存在不一致的地方，为了更为客观地反映风电机组的故障率，也为了统计口径一致，本书中风电机组可利用率采用电量作为统计单位，采用电量作为统计单位不仅合理，而且更能满足发电量估算方法的要求。造成风电机组停机的主要因素有风电机组故障和维修停机、检修和定检停机、限电停机、场内线路故障、场内线路检修、场外线路故障、场外线路检修。本书统计了风场 2010 年 1 月 24 日～2010 年 12 月 31 日所有的原因停机损失电量，并计算了各损失的影响率。在统计损失电量上，主要利用 SCADA 数据和风电机组运行日志，统计结果见表 4-4。为分析故障和检修损失电量的影响大小，本书分析了风电机组的可利用率和其他损失率，表 4-5 为风电机组可利用率和其他损失率。按此计算，风电机组全年可利用率可达到 96.37%；风电机组检修损失率都不超过 1%，其中 6 月份最大，达到 0.89%，风电机组年平均检修损失率只有 0.23%。从限电损失率来看，12 月限电损失率最大，达到 16.26%，2～5 月、10～11 月损失率为 1%～5.46%，其中 10～11 月限电损失率也较大，平均达到 5%，2～5 月限电损失相对较小，没超过 5%。由于箱变故障造成的场内线路故障年损失率达到 2.91%，不考虑箱变故障造成的影响的话，场内线

路损失率不会超过 0.1%；场内线路检修造成的年损失率为 0.45%；场外线路故障损失率 0.51%；外网检修损失率 0.03%。

表 4-4 　　　　　　　　　　达坂城风电场输出电量和损失电量 　　　　　　万 kWh

时段	上网关口表电量	风电机组出口电量	风电机组故障损失电量	风电机组检修损失电量	限电损失电量	内网故障损失电量	内网检修损失电量	外网故障损失电量	外网检修损失电量
2010 年 1 月 24 日~ 2010 年 1 月 31 日	129.78	132.65	25.615	0	0	0	0	0	0
2010 年 2 月 1 日~ 2010 年 2 月 28 日	653.42	670.68	106.511	0.038	25.876	0	0	0	0
2010 年 3 月 1 日~ 2010 年 3 月 31 日	963.52	1076.26	136.148	0.000	37.848	18.684	0	0	0
2010 年 4 月 1 日~ 2010 年 4 月 30 日	676.76	667.59	16.936	3.504	18.952	42.157	0	0	0
2010 年 5 月 1 日~ 2010 年 5 月 31 日	754.57	773.14	15.535	4.004	11.999	38.804	2.364	0	0
2010 年 6 月 1 日~ 2010 年 6 月 30 日	779.02	799.36	16.288	7.726	0	43.451	0	0	0
2010 年 7 月 1 日~ 2010 年 7 月 31 日	631.42	649.10	5.586	0.303	0	33.445	19.451	0	0
2010 年 8 月 1 日~ 2010 年 8 月 31 日	558.23	568.95	6.597	0	0	29.128	0	0	1.107
2010 年 9 月 1 日~ 2010 年 9 月 30 日	698.82	714.95	23.620	0	0	37.856	11.126	0	0
2010 年 10 月 1 日~ 2010 年 10 月 31 日	604.56	611.26	21.180	2.130	41.256	21.457	9.479	47.441	1.953
2010 年 11 月 1 日~ 2010 年 11 月 30 日	686.16	700.52	16.560	3.627	35.406	0	0	0	0
2010 年 12 月 1 日~ 2010 年 12 月 31 日	784.09	799.60	70.179	0.504	170.346	6.990	0	0	0
总计	7920.35	8164.05	460.754	21.835	341.682	271.972	42.420	47.441	3.060

表4-5　　　　　　达坂城风电场风电机组可利用率和其他损失率　　　　　　　%

时段	风电机组可利用率	故障损失率	检修损失率	限电率	内网故障率	内网检修率	外网故障率	外网检修率
2010年1月24日~2010年1月31日	83.82	16.18	0.00	0.00	0.00	0.00	0.00	0.00
2010年2月1日~2010年2月28日	86.74	13.26	0.00	3.22	0.00	0.00	0.00	0.00
2010年3月1日~2010年3月31日	89.27	10.73	0.00	2.98	1.47	0.00	0.00	0.00
2010年4月1日~2010年4月30日	97.74	2.26	0.47	2.53	5.63	0.00	0.00	0.00
2010年5月1日~2010年5月31日	98.16	1.84	0.47	1.42	4.59	0.28	0.00	0.00
2010年6月1日~2010年6月30日	98.12	1.88	0.89	0.00	5.01	0.00	0.00	0.00
2010年7月1日~2010年7月31日	99.21	0.79	0.04	0.00	4.72	2.75	0.00	0.00
2010年8月1日~2010年8月31日	98.91	1.09	0.00	0.00	4.81	0.00	0.00	0.18
2010年9月1日~2010年9月30日	97.00	3.00	0.00	0.00	4.81	1.41	0.00	0.00
2010年10月1日~2010年10月31日	97.20	2.80	0.28	5.46	2.84	1.25	6.27	0.26
2010年11月1日~2010年11月30日	97.81	2.19	0.48	4.68	0.00	0.00	0.00	0.00
2010年12月1日~2010年12月31日	93.30	6.70	0.05	16.26	0.67	0.00	0.00	0.00
总计	95.07	4.93	0.23	3.65	2.91	0.45	0.51	0.03

注：1~3月期间有一台风机箱变长期故障。

4. 气候因素、风沙及叶片污染、控制和湍流折减系数

气候因素、风沙及叶片污染、控制和湍流这些因素会造成风电机组出力下降，但不一定会造成风电机组停机。气候因素主要表现在叶片结冰导致气动性下降，降低风电机组出力；风沙及叶片污染主要表现在污染叶片，导致风电机组叶片气动性下降，降低风电机组出力；控制和湍流对风电机组的影响主要表现在信号滞后导致风电机组出力下降，湍流过大导致风机振动甚至

频繁停机造成发电量降低。这三个因素在实际测定中比较困难。风沙及叶片污染、控制和湍流在风电机组运行中具有持续性，而气候因素具有间断性，只有出现低温结冰天气时，风电机组出力才会明显降低，因此本书将这三种影响因素分为两类进行研究，将气象因素看作间断性降低风电机组出力因素，将风沙及叶片污染、控制和湍流看作持续性降低风电机组出力因素。图 4-3 为 1～12 月 $V-P$（风速-功率）对应散点图，从图中可以看出 4～9 月、11 月风电机组出力明显降低的样本比较少，而 1～3 月、10 月、12 月风电机组出力明显降低的样本突然变多。查阅运行日志，风电机组出力明显降低样本出现时天气都为降雪天气，可以认为 4～9 月、11 月风电机组出力降低主要由持续性影响因素造成，1～3 月、10 月、12 月风电机组出力降低主要由持续性和间断性两种因素影响的，将 1～3 月、10 月、12 月总的影响强度减去 4～9 月、11 月持续性影响强度即可得出叶片结冰这种间断性影响的强度。表 4-6 和表 4-7 是 20 台风电机组出力明显降低的样本的统计，从表中可以看出，4～9 月出力明显降低的样本比较少，大都低于 1%，只有个别样本在 1%～2%，而 10～3 月出力明显降低的样本变得比较多，尤其是 1～2 月，出力明显降低的样本比例达到 5%～6%（由于 1 月份统计时段较短，遇到雨雪天气，导致统计比例偏高，只做参考）。由此可以看出，4～9 月出力明显下降的样本主要是由于风沙和叶片污染、控制和湍流造成的，对风电机组出力造成的影响在 30%～40%。达坂城风场 4～9 月出力明显下降的样本比例占 0.64%，因此风沙和叶片污染、控制和湍流两因素造成的风电机组出力影响约为 0.22%。10～3 月风电机组出力明显下降的样本主要由叶片结冰、风沙和叶片污染、控制和湍流三因素造成的，对风电机组造成的影响在 30%～40%。达坂城风场 10～3 月出力明显下降的样本比例占 2.725%（由于 1 月统计不具备代表性，没有选用 1 月数据），因此叶片结冰、风沙和叶片污染、控制和湍流三因素造成的风电机组出力影响约为 0.95%，剔除风沙和叶片污染、控制和湍流的 0.22%，叶

片结冰造成的风电机组出力损失约为 0.73%。

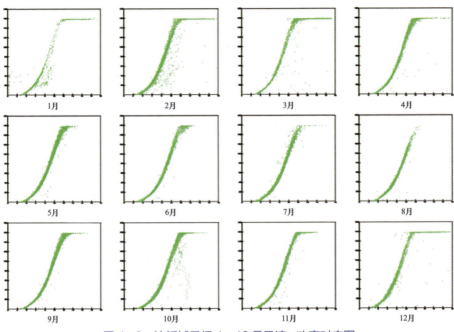

图4-3 达坂城风场 1~12 月风速-功率对应图

（横坐标为风速-m/s，纵坐标为功率-kW）

表4-6 达坂城风电场 A1-A10 风电机组 2010 年各月

出力低于功率曲线的比例 %

风机编号	1 月	2 月	3 月	4 月	5 月	6 月	7 月	8 月	9 月	10 月	11 月	12 月	全年
A1	10.7	3.7	1.5	0.8	0.5	0.3	0.2	0.1	0.3	2.7	0.8	1.2	1.5
A2	11.4	4.2	1.2	0.6	0.3	0.3	0.5	0.5	0.2	3.0	0.4	1.2	1.3
A3	10.7	5.3	5.1	0.8	0.5	0.2	0.2	0.1	1.2	2.3	1.0	1.1	1.3
A4	11.1	5.0	0.8	0.7	0.7	0.3	0.6	0.5	0.2	2.0	1.0	1.4	1.4
A5	10.7	5.3	1.5	—	—	—	—	—	—	5.3	0.9	3.9	3.4
A6	1.2	1.4	1.4	0.6	0.5	0.5	0.3	0.2	0.5	2.5	1.2	2.1	0.9
A7	11.8	4.3	1.0	0.7	0.2	0.4	0.5	0.5	1.7	5.6	1.5	3.3	1.5
A8	7.2	4.6	1.9	1.0	1.1	0.4	0.5	0.3	0.9	3.4	0.8	2.4	1.3
A9	10.7	5.6	2.8	2.0	2.0	1.6	1.1	0.7	1.1	3.8	1.0	3.0	2.2
A10	11.8	4.1	0.9	0.5	1.2	0.5	0.1	0.3	0.2	3.1	0.9	2.7	1.4

表 4-7　　　　达坂城风电场 B1-B10 风电机组 2010 年全年
各月出力低于功率曲线的比例　　　　　　　　　%

风机编号	1月	2月	3月	4月	5月	6月	7月	8月	9月	10月	11月	12月	全年
B1	/	/	/	1.0	0.6	0.3	0.2	0.7	0.4	4.4	1.2	0.8	1.0
B2	11.8	5.0	1.8	0.6	0.3	0.4	0.4	0.6	1.5	6.0	0.8	0.7	1.8
B3	11.9	5.3	1.8	0.7	0.2	0.5	0.4	0.4	0.2	2.5	0.7	3.1	1.3
B4	11.1	6.0	2.8	0.6	1.1	1.2	1.8	1.2	0.5	3.8	0.7	2.6	2.1
B5	14.0	6.5	2.5	1.4	1.4	1.3	0.2	0.2	0.2	3.2	0.5	3.1	2.5
B6	11.4	5.9	1.4	1.1	0.6	0.4	0.3	0.3	0.4	2.8	0.8	2.7	1.5
B7	15.3	6.1	1.3	1.1	1.1	0.1	0.2	0.2	0.6	3.6	2.2	3.1	1.8
B8	/	/	/	0.9	1.8	1.5	0.4	0.7	0.5	2.2	1.4	1.7	2.0
B9	12.2	6.5	2.6	2.0	2.0	1.0	0.2	0.5	0.7	3.9	2.4	3.3	2.0
B10	11.7	4.6	1.1	0.5	1.6	0.2	0.2	0.0	0.1	3.3	1.1	3.2	1.4

5. 场用电、线损等损耗

场用电和线损在风电场中都有发生，主要是场内输电线路、变压器等电气元件耗电损失、风电机组自身耗电和风场运营而消耗的电能，主要与场内线路电压等级与电气元件的性能有关，这些损失国内常规电场也有发生。目前，我国电力行业内场用电和线损折减系数基本取 4%，从 SCADA 记录的结果与关口表记录的结果对比来看，线损为 2.99%。

6. 周围风场影响

"三北"地区以基地开发为主，风电基地容量都是百万千瓦级或千万千瓦级，且规划的各风场距离都比较近，因此风场与风场之间的影响需要考虑。风场布置图如图 4-4 所示，从图中可以看出，风场 A 区正好处于中部，风电机组采用 GE1.5-70，轮毂高度 65m；西北面有 B 区，风电机组采用东汽FD70B，轮毂高度 65m；东南面有 D 区，风电机组采用金风 S50-750，轮毂高度 60m；C 区位于西南，采用 FD70B，轮毂高度 65m。达坂城风口呈西北东南走向，因此达坂城地区主风向为西北~东南，达坂城风场会受到西北面和东南面风电场的影响。作者模拟了该项目周围没有风场时的发电情况，又计算了目前风场的发电情况，通过有无对比，计算出周围风场的影响。方案见表4-8。

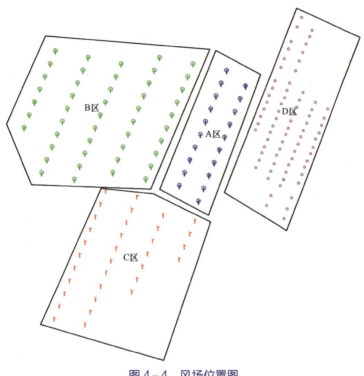

图4-4 风场位置图

表4-8 周围风场的影响的设计方案

序号	方案	尾流损失/（%）	尾流增加/（%）
1	达坂城项目本身	2.71	
2	只受B影响	6.42	3.71
3	只受D影响	3.50	0.78
4	只受C影响	2.79	0.08
5	受所有风场影响	7.26	4.55

经计算，达坂城项目没有考虑周围风场前，尾流系数为2.71%；考虑只受B区影响时，项目尾流系数为6.42%，尾流增加3.71%；考虑只受D区影响时，

达坂城项目尾流为 3.50%，尾流增加 0.78%；考虑只受 C 区影响时，项目尾流为 2.79%，尾流增加 0.08%；考虑受所有风场影响时，达坂城项目尾流为 7.26%，尾流增加 4.55%，相当于将周围风场影响的总和。从不同方案对达坂城项目的影响来看西北向的 B 区对其影响最大，导致尾流增加 3.71%，西南侧的 C 区对项目影响最小，D 区虽然也处于东南风上风向上，但由于东南风频低于西北风风频，且桨叶直径小于达坂城项目，同时轮毂高度也低于达坂城项目，对项目造成的影响较小。根据研究，在大面积风场中，大风电机组受小风电机组的影响较小，而小风电机组受大风电机组的影响非常大，远远大于其对大风电机组的影响。

7. 限电分析

2006 年我国《可再生能源法》规定"风电全额收购"，随着风电快速发展，风电送出问题日益突出，2010 年后，《可再生能源法》修订为"风电保障收购"，意味着可以有适当的弃风，允许适当的限电。限电情况在其他国家发生的情况比较少，所限的比例也比较小，我国以大基地开发为主，因此送出问题比较突出。限电问题作为中国风电发展的特点之一，国际风资源评估方法中没有该项内容，我国在风电开发初期，风电场发电量估算中也没考虑限电问题。新疆达坂城地区的风电也是往华北送，在冬季由于保障供暖负荷，会适当限制风电出力。本书中统计了达坂城项目的限电量，并分析了限电损失率。由表 4-4 中可以看出，达坂城项目全年限电 341.682 万 kW·h，6～9 月无限电（1 月由于统计时段较短，没有限电），4～5 月限电也相对较小，分别为 18.95 和 11.999 万 kW·h，2～3 月、10～12 月限电量比较多，尤其是 12 月限电量达到 170.346 万 kW·h，占年限电量的 49.86%，可见 12 月份为限电最严重的月份。从限电率上来看，2～5 月限电率比较小，2 月份最大为 3.22%，其他各月都不超过 3%，可见 2～3 月限电量虽然比较大，但是限电率不高。10～12 月限电率较高，都超过 5%，其中 12 月限电率达 16.26%。

8. 小结

通过研究，得出如下结论：达坂城风电场尾流影响系数为 2.8%，受周围风场影响损失的电量约为 4.55%，可见，该因素在风电场发电量评估中不能忽视；功率曲线保证率 98%；风电机组故障率 4.93%，除去大部件故障影响，风电机组故障率约为 3.63%；风电机组检修损失率 0.23%；场内线路故障率 2.91%，除去箱变故障造成的损失，运营期内场内线路故障损失率不会超过 0.1%；场内线路检修损失率 0.45%；场外线路故障率 0.51%，随着电网强健，该值可能会下降；场外线路检修损失率 0.03%；桨叶结冰造成的损失 0.73%；风沙和叶片污染、控制和湍流因素造成的损失率 0.22%；场用电和线损 2.99%；限电率 3.65%。上述参数与国内评估采取参数有很大的差别，可以认为评估方法中传统的参数不能完全适应风电场发电量评估的需要，需要研究论证更为合理，符合实际情况的参数。

4.2.3　折减系数结果测试

按达坂城项目的实际情况，将 2010 年测风塔实测数据、实测 1:2000 地形图、20 台风电机组坐标、风电机组功率曲线输入 WAsP 和 WindFarmer 分别进行计算理论发电量；采用统计出的综合折减系数将理论发电量折算成实际发电量；最后将估算出的实际发电量与上网电量进行对比，以确定其误差。

测试结果见表 4－9，从表中可以看出，运用 WAsp 计算出的理论发电小时数较 WindFarmer 计算出的理论发电小时数偏大 2.8%，可见两种模型模拟出的结果比较接近。达坂城项目 2010 年总的综合折减系数为 80.2%/80.3%（WAsP/WindFarmer），空气密度为 1.09kg/m^3，通过折减，WAsP 估算出的上网小时为 2957h，WindFarmer 为 2878h。通过查阅达坂城项目 2010 年实际上网小时数为 2884h。WAsP 的估算结果较实际值偏大 1.2%。WindFarmer 的估算结果较实际值偏小 1.5%。可见，统计出的综合折减系数是比较理想的，能精确模拟出风电场的实际出力情况。达坂城项目采用国内常用的综合折减系数计算出的发电小时数约为 2644h，比实际结果偏低了 8.3%。在北方地区由于限电、周围风场影响等情况的出现使得实际结果与评估结果比较接近，使得人们误以为传统参数在使用时比较符合实际情况。南方地区由于电网条件较好，不存在限电和电网故障造成的停机，会导致传统的参数评估出的结果与实际情况的误差变得更大，超过 10%。而南方地区风资源较差，采用传统的评估参数过于笼统和保守，会导致许多项目因评估的电量过低而失去投资价值，而实际情况会远远优于评估结果。

表4-9　　　　　　　　　　评估电量与实际上网电量对比表

项　　目	WAsP 结果	WindFarmer 结果
理论发电小时数	4088	3974
空气密度	1.09	1.09
1. 风电机组排布效率	2.8%	2.71%
2. 风电机组功率曲线保证率	98%	98%
3. 风场故障率	9.06%	9.06%
3.1 风电机组故障率	4.93%	4.93%
3.2 风电机组检修损失率	0.23%	0.23%
3.3 场内线路故障率	2.91%	2.91%
3.4 场内线路检修损失率	0.45%	0.45%
3.5 场外线路故障率	0.51%	0.51%
3.6 场外线路检修损失率	0.03%	0.03%
4. 桨叶结冰故障率	0.73%	0.73%
5. 风沙、叶片污染、控制和湍流	0.22%	0.22%
6. 线损	2.99%	2.99%
7. 其他损失	—	—
8. 限电	3.65%	3.65%
综合折减系数（不含密度修订）	80.2%	80.3%
估算实际发电小时数	2918	2839
实际上网小时数	2884	2884
误差	+1.2%	−1.6%

4.3　国内风电项目折减系数建议取值

研究风场位于达坂城地区，受其特殊性影响，只研究风场的综合折减系数往往不具有代表性，分析综合折减系数的特点以及在其他地区的适用性才是非常有必要的。

4.3.1　尾流折减系数

尾流都是通过模型计算所得，在此可以认为尾流模型能适应别的地区。随着适应不同地形的流体力学模型逐步完善，建议计算尾流时根据地形选择合适的计算工具，从而提高计算的精度。

4.3.2　功率曲线保证率

风电机组功率曲线保证率属于风电机组的属性，主要与风电机组本身性能有关，折减时选用风电机组厂家提供的值 95%。根据实际风场的运行情况来看，国内风电机组厂家技术水平和研发水平存在较大差异，各风电机组厂家提供的功率曲线保证率虽然都为 95%，但是实际功率曲线与理论功率曲线差异往往会不同，而且 10 年、20 年实际功率曲线与理论功率差异可能还有所变化，该系数存在很大的不确定性。因此，该功率曲线保证率需要对市场上各类风电机组进行质保期后、5 年、10 年后对实际功率曲线进行测定，然后计算出功率曲线保证率。目前，暂时按主机厂提供的 95%功率曲线保证率考虑。

4.3.3 风电机组可利用率

风电机组可利用率由风电机组质量和风电场运维水平两因素决定。风电机组质量差会导致后期运行中故障频发，风电场运维水平差会导致当故障发生时不能及时发现问题，消除故障，因此要想提高风电机组可利用率应做好风电机组选择和提高运维水平两项工作。经研究，风电机组的故障率可能与风电场环境也有关。表4-10为达坂城风电场每月故障率与气温、风速的关系表，图4-5为达坂城风电场故障率与气温、风速关系图，图4-6为达坂城风场故障率与气温的相关关系图，从图中可以看出，故障率与气温很好的相关性，R^2=0.821 9。这也符合风电机组故障发生的原理，冬季气温较低，风电机组中的电气元件经常受低温影响而出现故障，同时，风电机组中的电辅由于长时间运行，也会导致故障频发，这比较符合电器元件的特点；同时，由于冬季温度低，风电机组出现故障后，受自然条件影响，不能及时维修或维修效率低下，都可能造成风电机组故障率高。因此，故障率与温度之间有着一定的相关性，只是不同的风电机组故障率与温度之间的相关方程可能有所不同。风电机组故障率与风速虽然也有一定的反相关性，但相关关系不好。如果风电机组故障率与温度之间确实存在很好的相关性，在我国平均温度较高的南方地区，在风电场发电量估算中可以根据温度适当降低故障率。

表4-10　　　达坂城风电场月故障率与气温、风速关系表

月份	故障率/（%）	气温/℃	风速/（m/s）
1月	16.18	−10.02	6.78
2月	13.26	−9.26	8.02
3月	10.73	−3.09	10.22
4月	2.26	6.98	8.27
5月	1.84	14.3	8

续表

月份	故障率/（%）	气温/℃	风速/（m/s）
6 月	1.88	20.89	8.45
7 月	0.79	22.44	7.61
8 月	1.09	21.12	7.37
9 月	3	16.19	7.88
10 月	2.8	8.77	7.24
11 月	2.19	1.88	7.35
12 月	6.7	− 7.85	9.37

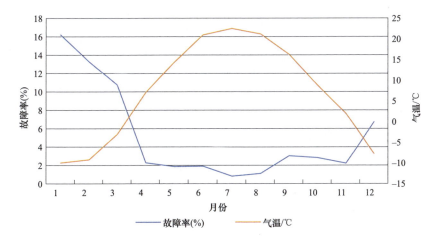

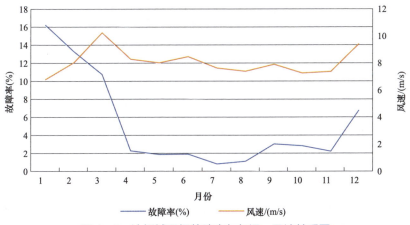

图 4-5　达坂城风场故障率与气温、风速关系图

　　从理论上讲，随着风电机组运行时间变长，风电机组硬件磨损，电气元件损耗都会增大，导致风电机组故障率增加。目前，达坂城风场运行 5 年，故障率达到 3.63%，未来 15 年随着设备磨损，风电机组性能会下降，然而随着风场运行时间的加长，风场运维水平可能会提高。从目前的风电机组故障率来看，风场投资回收期内平均故障率不会低于 95%。而国际上风资源评估中风电机组故障率采用的都是 3%。为保证风电机组故障率尽量降低，建议采取合理的方式，降低大部件故障，以消除大部件故障造成的长时间停机。

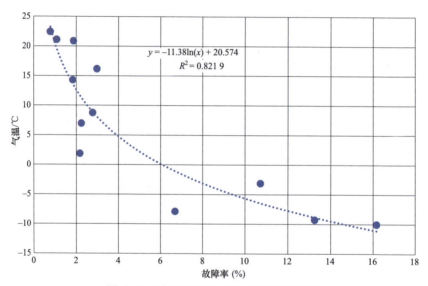

图 4-6　达坂城风场故障率与气温相关图

　　除了风电机组故障率外，风电机组运行还受到风电机组检修、场内线路检修、场外线路检修、场内线路故障和场外线路故障影响。达坂城风场 2010 年风电机组检修损失率 0.23%，场内线路故障率 2.91%（不考虑箱变故障为 0.1%），场内线路检修损失率 0.45%，场外线路故障率 0.51%，场外线路检修损失率 0.03%。而这 5 个因素造成的损失，在国内设计方法中都没有考虑，国际风资源评估方法中电网和变电站故障率中选取 0.5%，风电机组检修损失率、场内线路、场外线路检修损失率都没有提及。为了使发电量估算更为准确，建议细化评估方法，由于达坂城属于电网末端，电网条件和环境条件都差于其他地区，这几个参数在其他地区要表现出更乐观的结果。建议风电机组检修损失率选择 0.5%以下；场内线路故障率选择 0.1%；场内线路检修损失率选择 0.5%；场外线路故障率建议选择 0.5%；场外线路检修损失率建议选择 0.1%。

4.3.4　气候因素、风沙及叶片污染、控制和湍流折减系数

达坂城风场中桨叶结冰损失率 0.73%，风沙及叶片污染、控制和湍流两项损失率 0.22%。国际风资源评估方法中，对桨叶结冰损失率定位 1%，风沙及叶片污染、控制和湍流没有提及。从达坂城风场运行 5 年情况来看，桨叶结冰损失率主要与气候有关，受设备影响较小，可见结冰损失取 1%比较可取，在半干旱和干旱区域、温度较高的南方地区建议选择 1%，在其他冬季雨雪较多的地区，需要加大结冰损失系数，具体选择要根据当地的海拔、降雪量、降雪天数、气温等参数综合选择；达坂城风场地处西北沙漠边缘，周围风沙较大，在这种条件下，风沙及叶片污染、控制和湍流两项损失率 0.22%，其他地区可以根据该值选取，中部和南方地区该值还可以减小。综合考虑，建议不超过 0.5%。

4.3.5　场用电、线损等损耗

场用电和线损等损耗在我国比较成熟，也比较稳定，选取 3%～4%比较合理，达坂城风场场用电、线损占 2.99%，其他地区可以参照 4%。随着分散式风场的理念提出，新形式的风场将逐渐开始兴起，由于分散式距离负荷较近，且直接接入当地 35kV 以下变电站，没有站用电，同时场用电也较少，线路较短，建议降低该值的选取，可以将该值选取 2%。

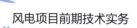
4.3.6　其他影响

周围风场的影响并非所有项目都有，因此该影响根据实际情况分析后选取，具体选取可以根据当地的风电场规划，建设进度，模拟估算该值的大小。

4.3.7　限电

限电问题是由于电网原因造成的，很难预测其损失率，各地区不同年份限电情况都不同，张北、新疆、甘肃、内蒙古、吉林、黑龙江都存在限电情况，但限电损失率都不同。因此该损失取值可以根据当地的电网情况，未来电网的建设情况，当地的风场规模等多种因素来选取该值。

表4-11为风电场发电量估算时折减系数的取值对比。

表4-11　　　风电场发电量估算方法折减系数表

序号	影响风场出力因素	国内经验	达坂城经验	新方法取值	取值方法
1	尾流折减系数	<8%	2.8%	<8%	计算选取
2	风电机组功率曲线保证率	95%	98%	95%	根据风电机组厂家根据场址条件提供
3	风场故障率		4.95%	6.7%	
3.1	风电机组故障率	5%	3.63%	5%	根据风电机组、运维水平和当地气温合理选取
3.2	风电机组检修损失率	—	0.23%	0.5%	根据风电机组质量和运营水平
3.3	场内线路故障率	—	0.10%（2.91%）	0.1%	根据场内线路情况
3.4	场内线路检修损失率	—	0.45%	0.5%	根据风场的运维水平
3.5	场外线路故障率	—	0.51%	0.5%	根据电网情况
3.6	场外线路检修损失率	—	0.03%	0.1%	根据电网情况

续表

序号	影响风场出力因素	国内经验	达坂城经验	新方法取值	取值方法
4	桨叶结冰故障率	4%	0.73%	1%~5%	根据当地的气候条件选取
5	风沙、叶片污染、控制和湍流	4%	0.22%	0.5%	根据当地的气候条件选取
6	线损	4%	2.99%	3%~4%	
7	软件模拟误差	—	0	0~5%	根据地形复杂程度和测风精准程度合理选取
8	其他损失	5%	4.55%	—	根据风场的现场情况
9	限电	—	3.65%	—	根据电网情况
总计		70%	80.4%	77.1%	

第 5 章
风机选型

　　风力发电是通过风力发电机组将风能转化为机械能，再转化为电能的设备。在风力发电项目中需要重点考虑风资源状况和风力发电机组的匹配性。前面章节对风资源部分进行了详细的论述，本文主要对风力发电机组与风资源的匹配性进行介绍，也就是风机选型部分。

5.1　国内主流机型介绍

　　自 2005 年 2 月《可再生能源法》及后续一系列政策的颁布，我国风电装备制造业开始逐渐发展，主要以 750kW、800kW 和 850kW 定桨距风机为主。为加快我国风电设备制造业的技术进步，促进风电产业的发展，2008 年 8 月 11 日，财政部发布了《风力发电设备产业化专项资金管理暂行办法》（以下简称办法），《办法》规定，能够获得专项资金支持的风电机组单机容量应在 1500kW（含）以上，这一政策的出台刺激了我国 1.5MW 及以上机组的发展，也正是这一政策促进了我国风电装备制造业的快速、良性发展。

5.1.1　陆上机组方面

　　早期的 1.5MW 风电机组包括 70m、77m 和 82m 风轮直径的机组，在 2010 年许多企业还推出了 1.5MW－86～89m 风轮直径的风电机组。随着"三北"地区限电形势加剧，风电开发逐渐开始向南方转移，而南方地区的风资源较北方差很多，为适应南方地区风电的发展，新产品研发方面，2013 年超低风速型风电机组陆续推出。2013 年 9 月，联合动力 1.5MW－97 超低风速风电机组并网发电；2014 年初，远景在 1.5MW－93 的基础上推出了 1.8MW－106；2014 年 4 月，金风科技宣布继 1.5MW－93 后新研发的 2MW－115 超低风速直驱永磁机组并网发电，该机型可使年均风速为 5.2m/s 的超低风速区域具备开发价值；运达公司也在 2013～2014 年期间相继推出了 2.0MW－110 和 2.0MW－115 低风速机型。2014～2018 年随着南方和中东部低风速区域风电开发加速，各风机供应商又陆续研发推出 2MW－115、121，2.2MW－131 和 2.5MW－140、147。其中 2.5MW－147 机型是国内同功率等级中风轮直径最大，单位千万扫略面积最大（6.79m²/kW）的机型，适用于中东部及南方山地低风速风电项目、华中和华东南分散式风电项目。大容量大叶片机组不断推陈出新，一方面可适用于超低风速的环境条件，另一方面可解决征地难度大、机位点不够等系列现实难题。2020 年风电进入平价时代后，为降低工程投资，在"三北"风资源优势区将会采用单机容量更大的机组。

5.1.2　海上机组方面

随着海上风电规划的推出，各主要风机制造商都积极投入海上风电机组的研制工作。华锐率先推出 3MW 海上风电机组，并于 2010 年在上海东海大桥海上风电示范项目中批量投入商业运行。2010 年，国家启动了第一批海上风电特许权项目招标，各家主机制造商相继推出了自己的海上风电机组。金风科技首台 2.5MW 直驱式海上风电机组并网发电，并中标海上风电特许权项目；上海电气 2.0MW 海上风机并网发电，具有自主知识产权的 3.6MW 机组下线，并中标海上风电特许权项目；明阳风电与德国艾罗迪公司共同研发的 2.3MW/3.0MWSCD 超紧凑型风机下线，各大主机制造商纷纷进入海上风电领域。之后随着我国海上风电的发展，更大容量的海上风电机组进入大家的视野。2016 年 7 月底，10 台由湘电公司研发的 5MW 海上直驱永磁式风电机组在福建莆田平海湾海上风场成功并网发电；2017 年，海装研制的 5MW 海上高速永磁风电机组在海上风电场投入批量运行；上海电气从西门子引进的

6MW 直驱永磁式海上风电机组于 2017 年安装在中国福建海上风电场；金风科技 6.7MW 直驱永磁式海上风电机组于 2018 年并网运行；明阳智能研制的 5.5MW 中速传动永磁发电机全功率变流超紧凑型风电机组于 2018 年并网运行。

通过风电国产化，我国风电行业得到快速、良性发展，并带动了我国风机全产业链的发展。

5.2 风 机 选 型

风机选型的意义在于结合当地风能资源、气候特征、地形、地貌特点、建设条件等，选择性价比最高的机型，使得风电场效益最好。

5.2.1 风机选型的原则

1. 选择适用安全等级的机组

根据 IEC 61400-1 标准，风电机组等级界定的基本参数见表 3-4。

2. 选择可靠机组

可靠机组指设计的可靠性、制造的可靠性和运维的可靠性。

（1）设计可靠性指设计及设计计算是否符合规范标准，如性能计算、载荷计算、疲劳寿命等，一般投标机组应取得设计认证证书。

（2）制造可靠性取决于制造工艺和产品试验。尤其是动静试验结果一般要有产品认证证书。

（3）商业化生产后运维的可靠性主要看可利用率。

3. 选择发电量最优的机组

选定机组时应根据场址风况和风频分布，选择与风资源相匹配的风电机

组，使得风场发电量最优。选型时主要看运行功率曲线和满发小时数。

4. 选择便于使用和维护性能好的机组

选择风电机组时应便于使用维护，全寿命期备品、备件是否能满足要求。

5. 适用于特定风电场气候条件的机组

选择风电机组时应满足现场特殊气候条件，如低温、积冰、沙尘暴、雷暴、海边（海上）、高原等。遇到这些特定的气候条件和现场条件，需要根据特定的条件对机组进行专门的设计和优化，以保证风机全生命周期安全运行。

6. 其他

选择风电机组时应考虑进场条件和建设条件；选择性价比高的机组；选择市场成熟化度高的商品化机组，并充分考虑其实际运行情况。

5.2.2 风机选型的基本要求

1. 对风力发电设备质量认证的要求

风机选型中最重要的一个方面是质量认证，这是保证风力发电机组正常运行及维护最根本的保障体系。风机选型时主要考虑设计认证和型式认证。

2. 对风电机组供应商业绩的要求

产品业绩是产品性能、成熟度和供应商的新产品研发能力、技术水平、资金实力和企业管理能力的集中体现。

3. 对风电机组功率曲线的要求

功率曲线是反映风力发电机组发电能力好坏的最主要的参数之一。功率曲线包括静态功率曲线和动态功率曲线，静态功率曲线与动态功率曲线针对相同的风资源，测算出的发电量有 5% 左右的差异，因此测算风电场发电量时一定要按照动态功率曲线来测算，尤其是目前的南方复杂地形低风速项目，发电量有 5% 的误差，对项目的收益影响非常大，应引以重视。

4. 对特定条件的要求

（1）低温要求。我国北方地区冬季气温很低，部分风场极端最低气温达到 −40℃ 以下。根据北方地区项目后评估结果来看，风机停机损失电量与气温成反比，气温越低，风机停机故障率和停机时间越长，电量损失越大。主要原因有低温情况下辅助加热电器件长期工作，增加故障发生概率；低温造成润滑油润滑效果降低，造成风机停机；风机故障发生后，由于气温较低，冬季积雪不消融，致使维修人员无法及时到达机位；消缺时由于气温较低，人员动作迟缓，平均消缺时间增加等。

（2）冰冻要求。在我国的云、贵、川、湘、鄂的高海拔区域 12 月至次年 2 月之间经常出现冻雨和结冰现象，对风电机组运行影响很大，如果不采用一些防冰冻设备和技术，常规机组在这些地区将损失 5%～7% 的电量。当然目前的防冰冻的设备和技术并不能完全解决冰冻问题，只能适当的缓解，尽可能地减小冰冻对风电机组的电量损失。南方冰冻不仅影响电量损失，还对风电机组的安全造成很大影响，2008 年的南方冰冻灾害造成许多电力设施附冰较厚，载荷增加，出现较多线路倒塔情况，同样会增加风电机组的载荷，甚至出现风机倒塔问题。

（3）防雷及防腐蚀要求。在我国东南沿海区域，经常遭遇雷暴及台风袭击，雷暴不仅会造成风力发电机组电气、控制、通信系统损坏，雷电击中叶片还会造成叶片开裂和开孔。因此，雷暴频发区域应对风力发电机组增加雷电保护系统。

海上风电场或沿海滩涂风场，海上盐雾腐蚀相当严重，针对这些区域，如何防腐尤为重要，机舱主要采取密闭方式，避免盐雾进入，针对直接暴露在盐雾中的法兰、螺栓、塔筒等部件要进行 C5−M 级防腐。

5.2.3　机组选择的方法

风力发电机组的选型分为单机容量的选择、机型方案选择和塔架高度的

选择。

1. 单机容量的选择

目前国内外风电机组单机容量主要分为 3 个级别。

（1）kW 级机组。主要包括 750kW、800kW 和 850kW 等。

（2）MW 级机组。目前我国的 1.5MW～2.5MW 级的机组已经成为主流成熟机型。

（3）多 MW 级机组。主要安装在海上风电场，目前逐渐投入商业运行。

国内风电场受制于项目方案设计和政府审批之间的矛盾，需要在可行性研究阶段就选定风场的单机容量，而单机容量一旦选定，政府审批文件往往按可行性研究结果进行批复，建设期调整单机容量将不得不重新变更前期审批文件，给项目带来较大风险，为此，往往在可行性研究阶段就确定项目的单机容量。可行性研究报告中要根据风机选型原则，结合项目的资源、地形、地貌条件、风机的技术成熟度和市场上产品的可选择性等特点合理确定。近年来，南方许多低风速项目资源较差，2MW、2.5MW 机组技术先进，且市场上有许多型号的风机型号可以选择，市场上各个主机厂大都推出有2MW–115、121、131 系列和 2.5MW–140、147 系列，能够适应 5.0～6.5m/s风速段的资源，因此，2MW 和 2.5MW 机组近年来应用较广。有些项目场址面积较小，资源较好，选用 1.5MW 或 2MW 机组时由于需要的机位较多，场址面积无法满足要求，往往需要根据场址面积选择 2.5MW 或 3MW 机组。

2. 机型方案的选择

机型方案选择时首先要考虑机型与风资源的匹配性，其指风场的资源情况和资源特点与机型的匹配程度，使得风场发电量最优。既不能选择超出机组的安全标准，引起倒塔，也不能选择不匹配的风机，使得风资源得不到充分利用。要想选择完全合适的风电机组，不仅要做好现场的精准测风，弄清现场的风资源状况，还要结合周边气象站资料以及中尺度数据进行科学的风资源评估，计算出较为真实的 50 年一遇最大风速。我国早年的一些基地项目由于当时只有 1.5MW－70、77、82 的风电机组，而基地的风资源也大都属于二、三类，受当时机组种类限制，早年的基地项目发电水平并不高，一般保持在 2200h 左右，随着基地大面积风场的建设，尾流影响等原因，许多风电场发电小时都下降至 2000h 甚至 2000h 以下。随着近几年风机技术的提升，南方许多超低风速的风场发电量都有不俗的表现。

机型方案选择时还应考虑风机排布方案，也属于风机选型范畴。也是近年来逐渐出现的新风机选型技术，随着风机设计的平台化，能够生产出系列化的定制产品，例如 2.0MW 平台，往往能生产 2.0～2.3MW 各种产品，而且平台中各种备件都是通用的。在复杂地形的风场中，风资源好的机位有限，为充分利用优势风资源，采用混合布置方案往往更能充分利用优势风资源，具体的混合布置方案在后面案例中详细介绍。

3. 塔架高度的选择

我国风电发展早期和中期，受风机技术限制和风电粗放式开发影响，风机塔架高度选择还没有受到特别大的重视，但随着近年来风电开发向中东部大切变区域转移和精细化开发模式的影响，风机塔架高度选择受到格外重视。2016～2017 年中东部地区开始推出 120m 和 140m 塔架，而且塔架型式也包括全钢塔架、全混凝土塔架以及钢混塔架。由于中东部地区风切变比较大，随着高度增加风速增大，塔架越高，成本也越大，因此合理的塔架高度将对风场的收益有较大的影响。需要进行经济技术比较确定最优的风机塔架高度。后面我们在专门塔架高度经济性比选论述案例。

5.2.4 风机选型基本流程

风机选型基本流程如图 5－1 所示。

图 5-1　风机选型基本流程

5.3　风机选型中的注意事项

5.3.1　50 年一遇最大风速的不确定性问题

50 年一遇最大风速、湍流强度、年平均风速、风切变和入流角等是风机选型中需要考虑的重要因素，应综合考虑。在这些因素中，50 年一遇最大风速的不确定性对风机选型影响最大。由于 50 年一遇最大风速计算时受周围气象站历史大风资料记录和场址测风塔实测大风资料限制，以及采用不同的计算方法计算出来的 50 年一遇最大风速差异很大，会导致选择不同的风机型号，而风机型号对风机发电量影响非常大。

例如广西、广东、浙江、福建等沿海省份的内陆项目，风资源较差，而这些地方经常受到台风的影响，同时台风路径又比较复杂，因此这些地区的项目风机选型极为复杂。如果比较保守选择Ⅰ类或Ⅱ类机组，风机单位千瓦扫风面积较小，发电量较低，无法满足收益要求；而如果采用激进的办法选择低风速大叶片机组，可能会对风机安全造成很大影响。这些地区风机选型时除了严格要求设计单位按规范计算极大风速外，还要参考省气候中心编制的风资源评估报告，借助主机厂的经验，同时调研已有周围在建和建成风电场的情况，综合各种因素选择风电机组，采用任何单一的选型方法都不够严谨、科学。受台风影响区域的项目除了上述方法外，还应加长测风时间，以便有机会测到尽可能多的台风样本，从而提高评估的精度。对于极大风速处于边界条件的项目，选择风机时可以考虑选择偏激进的方式，同时引入保险，既能提升项目的发电量，还能控制项目风险。

下面以广西项目台风案例来说明。

广西某项目位于距离北部湾 76km，距离东南沿海 136km，场内海拔 420～916m，主风向为 NNE、ES，场址地形如图 5-2 所示。由于该项目距离沿海较近，经常受广东沿海的强热带气旋影响，50 年一遇最大风速计算时选用了不同的方法进行计算。

（1）极值分布－耿贝尔频率曲线法计算出来的标准空气密度下 70m 高度 50 年一遇最大风速为 33.4m/s。

（2）风压法推出 70m 高度 50 年一遇最大风速为 22.7m/s。

（3）比值法计算出来的标准空气密度下 70m 高度 50 年一遇最大风速为 39.1m/s。

可行性研究报告建议选用 IECⅡ以上风电机型。由于该项目年平均风速 70m 高度为 5.43～7.01m/s，如果全部采用 IECⅡ以上机型，发电量将会受到很大影响，项目收益率一般。

图 5-2　广西某项目场址地形图

经主机厂复核 50 年一遇最大风速和载荷计算，最终选用 3 台 2.5MW-109（Ⅱ类机组）+37 台 2.5MW-121（Ⅲ类机组）的方案，大多数机组选用了 IEC Ⅲ类机组，在保证机组安全的情况下，大大提高了发电量水平，提高了项目的收益。

从该项目可以看出在项目风机选型时一定要综合各方面的意见，尤其是要利用好主机厂的技术力量来优化项目。

5.3.2　疲劳载荷处于边界的项目风机选型注意事项

机组分类除了考虑极限风速外，还须考虑场址年平均风速。年平均风速主要影响机组的疲劳载荷，当疲劳载荷处于机组的设计边界时，风机选型应选择叶片更大的等级。当计算出的疲劳载荷处于边界影响到风机选型时，应与主机厂详细沟通超过的范围，当超过的不太多时，应考虑选择叶片更大的机组。原因如下：一是目前"三北"地区限电形势比较严峻，许多地方很难达到满发负荷，因此疲劳载荷很难达到，而选择更大一级的叶片机组，能在限电区域尽可能地提高发电量，提升项目的收益；二是许多风场都是基地化、规模化开发，周围风场影响也会降低场址的年平均风速。因此当疲劳载荷处于边界时应综合考虑场址整体规划和当地的限电情况，尽可能地采用激进法选型。

下面以达坂城某项目案例来说明。

达坂城某项目位于达坂城通道内，场址位置如图 5-3 所示，场内有 2 座测风塔分别为 0901 号和 0902 号，海拔为 1360m。两个测风塔位置的风资源情况见表 5-1。

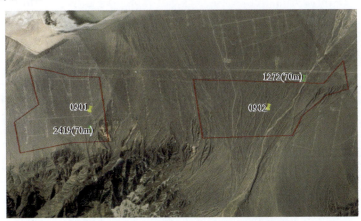

图 5-3　达坂城某项目场址测风塔布置图

可行性研究报告依据达坂城气象站近 30 年资料推算出 80m 高度标准空气密度下 50 年一遇最大 10 分钟平均风速为 43.7m/s，极大风速为 68.2m/s，风机选型选用 IEC Ⅰ 类风机。

表 5-1 达坂城某风场风速、风功率密度表

测风塔	高度/m	100	90	70	50	30	10	风功率密度等级
0901 号	平均风速/（m/s）	9.53	9.46	9.17	9.12	8.55	7.71	6
	平均风功率密度/（W/m²）	799	782	733	712	598	441	
0902 号	平均风速（m/s）	9.59	—	9.20	9.18	8.67	7.96	7
	平均风功率密度/（W/m²）	1063	—	933	892	745	573	

由于达坂城区狭管范围内风资源分布复杂，谷底风资源最好，越靠近山坡风资源越差，0901 号和 0902 号位于两块场址的中间位置，两座 90m 高度的年平均风速都达到 9.5m/s，谷底位置风速很可能超过 10m/s，出现超 IEC Ⅰ类风机的情况。为了彻底弄清楚该项目的风资源状况，又在 0901 号场区内靠近山坡位置布置了一座 70m 高塔，在靠近谷底布置了两座 10m 高塔，在 0902 号场区内靠近中部位置上布置了一座 70m 高塔，这样通过同期观测即可弄清全部场区内风资源分布状况，确定该区域年平均风速是否超过 10m/s。表 5-2 和表 5-3 分别为 0901 区域和 0902 区域在不同测风塔位置的风速对比。

表 5-2 0901 区域风速对比表 （m/s）

测风塔	10m 全风向	70m 全风向	70m 西北扇区	70m 东南扇区
2419 号	7.30	8.35	8.89	7.84
0901 号	7.76	8.97	9.15	9.04
差值	0.46	0.62	0.26	1.2

表 5-3 0902 区域风速对比表 （m/s）

测风塔	10m 全风向	70m 全风向	70m 西北扇区	70m 东南扇区
0902 号	7.46	8.60	11.90	5.46
1272 号	7.73	9.43	12.70	6.33
差值	0.27	0.83	0.8	0.87

经过对比分析发现两块场区的边界风速相对于中间差值在 0.5m/s 内，场区内的 10m 高年平均风速在 9.0～9.8m/s，没有超出 10m/s。最终判定该项目应该选用 IEC I 类机组。

主机厂经过载荷计算认为可以采用 2.5MW – 103（IEC I 类机组）和 2.5MW – 109（IEC II 类机组）混排的方式，认为 2.5MW – 109 机型载荷也能满足要求，最后经过进一步的载荷优化和计算，将方案调整为全部为 2.5MW – 109 机型，优化后整个项目年发电小时将超过 3600h。

通过该项目的前期工作来看，如果把风场的风资源弄得尽可能清楚，风机厂家可以依据风资源数据开展选型优化和载荷计算，能选择发电量更优的机组。

5.3.3　大切变项目风机选型注意事项

大切变地区通过高塔筒的应用，能够提升项目的发电量，从而提高项目的收益率。大切变项目主要分布在平原地区，像我国的中东部地区、东北平原等地都属于典型的大切变区域。大切变区域风机选型时需选择高塔筒，但并不是所有的项目塔筒选择时越高越好，即使是同一场址内切变也会有所不同，因此大切变项目进行塔筒高度选取时必须进行详细的场区内切变测量，以便设计时选择合适的塔筒高度。

下面以河南某平原项目案例来说明。

河南某平原项目位于豫北冲积平原,场区海拔 80～115m,场内有一座 90m 高测风塔 001 号,测风塔 10m、30m、50m、70m、90m 高度年平均风速为 2.6m/s、3.8m/s、4.4m/s、5.0m/s、5.4m/s，项目风切变比较大（见图 5 – 4）。2016 年项目开工时高塔筒技术已经开始在我国起步，有安装业绩的主机厂有金风科技和远景能源，一种是钢混混合塔架，一种是全钢柔性塔架，两种技术各有优劣。考虑到一个测风塔的切变不能代表全场，又加装了一座100m塔2015号，同时又选一点采用激光雷达进行200m以下的风切变进行测量，通过这一系列的技术工作，最终论证清楚该项目的切变情况，为高塔筒技术的使用提供支撑。

图5-4　河南某平原项目场址图

第 6 章
微观选址

风电场选址包括宏观选址和微观选址，宏观选址是在一个较大范围内选择出一块适合开发风电场的场区，微观选址是在确定的开发场址范围内确定风机的机位点，以求发电量最优而投资最小。宏观选址工作处于开发工作的最前端，微观选址处于施工的最前端。

 6.1 微观选址需要考虑的因素

6.1.1 复杂地形的测绘手段选择

南方复杂山地项目地形图测绘显得更为重要，地形图的精度不仅影响微观选址准确度，还影响后期项目的工程量。目前，平面测绘除了人工测绘外还有无人机测绘，两种测绘手段各有优劣：人工测绘工作量大、工期长，但精度高；无人机测绘工期短、费用低，但精度略低，在有些特别复杂的山地风场无法满足施工图的要求。地形简单的场址采用两种测绘手段都能满足设计要求，而地形特别复杂的场址建议采用人工测绘以满足施工图设计要求。

6.1.2 颠覆性因素

颠覆性因素是指影响风电场建设的因素，主要包括土地、环保、林业、军事、压矿等因素，微观选址前一定要完成这些颠覆性因素排除。排除颠覆性因素的方法有两种，一种是调整规划（以下简称调规），当然调规不仅涉及是否符合国家和地方相关政策要求，是否能够调整，还涉及工作周期，调规时间是否满足开工要求；第二种是避开颠覆性因素，但并不是所有项目都能避开颠覆性因素，只能是个别机位涉及颠覆性因素进行机位调整以避开，但避开颠覆性因素往往会以牺牲发电量为代价。中东部平原地区的场址基本都涉及基本农田，无法通过避让解决的，只能通过调规解决；山西省许多山区基本都是公益林，尤其是山顶风资源好的机位基本都涉及公益林，也只能通过调规来解决。颠覆性因素是目前影响风电场建设和工期的一项重要因素，许多项目都不同程度地涉及颠覆性因素，调规影响风电场的建设和工期。为保证风电场建设顺利实施，最好的办法是积极做好颠覆性因素排查工作和提前开展调规工作。我们在宏观选址阶段要填写外业复核表，其作用就是排查颠覆性因素，颠覆性因素越早清楚越有利于避开或调规。

6.1.3 场址边界条件

"三北"地区风电场开发往往呈现规模化开发，尤其是一些资源好的场址，经常是连块开发，微观选址时一定要考虑周边风电场的影响，将周围风机的尾流影响考虑在内，尽可能减小周围风场尾流对风场发电量的影响。除了周围风场影响外，有些山地风电场位于山顶，边上就是悬崖，风机布置时还需要离悬崖留出一定的距离，一是由于悬崖边上流场复杂，容易出现模拟误差，二是悬崖边上建设风机，对基础安全有影响。有些山地风场涉及跨行政边界问题，微观选址时需要考虑能否跨边界问题。

6.1.4 最经济机位

微观选址阶段在选定机位时不仅要考虑风资源的优劣，还需要考虑建设难度、工程投资、场内道路等条件，选出最经济的机位，而不是发电量最优的机位。

6.1.5 风电场规划

将风电场总体规划纳入微观选址的考虑因素主要是将周边各风场的影响降为最低，同时为升压站选址提供依据。

6.2 微观选址需要收集的资料

（1）定稿的可行性研究报告。

（2）1:2000 的平面测绘图。

（3）风电场内所有的测风塔数据和雷达短期测风数据（如有）。

（4）风机型号。

（5）土地、林地性质图，环保区范围图、生态红线图、重要矿藏范围图、军事敏感区范围等。

6.3 风 机 排 布 方 案

6.3.1 平坦地形

平坦地形微观选址风机排布方案与可行性研究阶段风机排布方案基本一致，只是收集到的资料更细，需要提示的是随着风机向大型化发展，风机间的尾流逐渐增大，在主风向集中且单一的场区，风机排布时可以尽可能地缩小垂直于主风向的风机间距，同时扩大平行于主风向的风机间距。垂直于主风向的风机间距可以突破 3 倍风轮直径的间距，可以考虑 2.5 倍风轮直径间距甚至更小；平行于主风向的风机间距建议 8 倍或以上间距，尽可能地减小尾流。目前许多中东部平原地区的项目平行于主风向的间距都已经到 8 倍风轮直径间距，但全场平均尾流都在 8% 左右，很难降低尾流。

中东部地区的坪坦地形场址还要考虑避开村庄、基本农田等因素，考虑噪声、光影等。

6.3.2 复杂地形

由于复杂地形海拔差异较大，风资源好的点位一般位于海拔较高的位置，且复杂地区的优质机位点有限，为高效利用风资源，业内提出不同型号机组混合排布方案，其意在某些风资源特别好的点位尽量安装大容量的机组以更高效的利用优势风资源，从而提升全场的发电量。

1. 单一型号机组排布方案

在复杂地形中对于单一型号机组排布一般先在风资源比较好的位置优先布置，风机布置在垂直于主风向上尽可能地缩小间距，可以突破 3 倍风轮直径间距，考虑 2.5 倍风轮直径间距；平行于主风向上一般可以考虑 5 倍风轮直径或更小的间距，山区由于地形起伏，尾流影响较平坦地形小得多。复杂地形场址合适的机位非常有限，有些风资源相对差但建设条件和道路条件好的点位也可以选用，风机布置尽量集中，部分风资源相对较好，但相对独立，建设条件和道路条件较差的点位可以放弃。

2. 多种机组混合排布方案

上面已经讲述了机组混合排布的优势，但机组混合排布时一定要确保几种型号（最好不要超过 2 种）的备品备件通用，如果备品备件不通用会增加备件库存资金占用。采用多种机组混合排布方案时，风资源好的点位优先选

用大容量机组，风资源相对较差的点位选用相对较小型号的机组。

6.4 微观选址工作步骤

6.4.1 内业方案

内业方案是按收集到的资料制定排布方案，编制排布方案时要将土地、林地性质图，环保区范围图、生态红线图、重要矿藏范围图、军事敏感区范围等套到平面测绘图中。机位布置时应征求开发商的意见，确定是避开颠覆性因素还是采取调规将涉及颠覆性因素的点位的规划进行调整。

6.4.2 现场复核

现场复核是与开发商和主机厂一起复核现场每个点位的地形、地貌和地质条件，看其是否具备建设条件。有些非常陡的机位点，主机无法运输；有些机位点距离居民区较近，尤其要引起关注。目前在中东部人口密集区风机对居民的噪声影响导致的矛盾冲突开始出现，个别距离居民较近的风机晚上被迫停机，尽管环评报告普遍要求风机与居民区的距离不低于300m，但风机大型化的趋势使得300m无法满足居民的噪声要求，因此在条件允许的情况下风机要尽可能地远离居民。

6.4.3 开发商对方案确认

微观选址步骤中为什么要加入开发商对方案的确认环节？是由于开发商

对项目负有全部责任，最关键的是开发商掌握最全面的信息，虽然设计单位编制方案时也收集了资料，但有些信息是书面资料反映不出来的，因此一定要进行开发商对方案的确认。对于这点，在后面的案例还要提及。

6.4.4　主机厂载荷计算

根据现场复核的结果调整完内业方案后，最后要经过主机厂的载荷计算以保证风机运行安全。风场中遇到最多的情况是机位点湍流过大，导致风机振动加剧，频报故障停机。在地形复杂的场址主机厂一定要认真计算湍流，复核主机载荷。

6.5　微 观 选 址 实 例

6.5.1　甘肃武威某项目

该项目装机容量 50MW，场址海拔 2650～2900m，场址北面高、南面低，场址地形属于有一定起伏的土丘陵，场址概况如图 6-1 所示。项目开发协议由于没有收集精确的县界坐标，只是签了一个大概的范围，可行性研究报告编制时按签约的范围布置机位。由于主风向是北风，场址北面海拔高的位置风资源较好，微观选址时设计单位只是按场址范围进行了平面图测绘和方案排布。当方案提交到开发商确认时，开发商考虑是否能把机位布置到场址边界外海拔较高的位置，经过与开发人员确认，签约场址边界以北没有颠覆性因素，经国土部门进行县界坐标确认，将机位尽可能地向县界边上高海拔的

位置移动。通过机位优化，项目发电量较可行性研究阶段提高 15%。

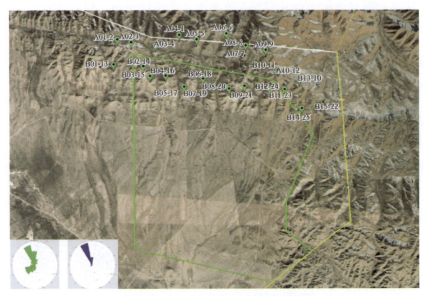

图6-1　甘肃武威某项目场址概况图

　　该案例告诉我们：涉及县界的项目微观选址时应弄清县界位置、向开发商确认是否可以充分利用县界机位，以提升项目发电量。

6.5.2　青海某基地项目

　　青海某基地项目，规划容量 50 万 kW，分期开发，场址概况如图 6-2 所示。一期、二期容量各 5 万 kW，风场之间的相互影响不太明显，随着三～七期项目共计 40 万 kW 项目的核准和开工，微观选址机位布置时就不能独立考虑，需要将整个区域按一个整体进行考虑，尽可能减小风场之间的相互影响，以提升项目的发电量。

图6-2 青海某基地项目场址概况图

6.5.3 湖北某山地项目

湖北某项目场址位于一条山梁上，风向为N-S，风机选用2.0MW-131，项目受居民区、水源地、林地等因素影响，机位有限。微观选址时为了充分利用风资源好的机位点，70%的机位间距在（1.5～2）D（D为风轮直径），场址概况如图6-3所示。目前，山地项目中许多机位突破了3D的要求，但对风机运行会造成怎样的影响还需要时间的检验。

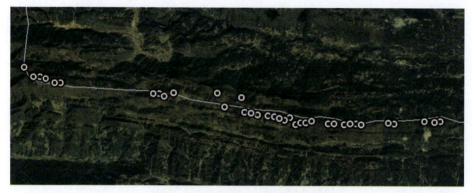

图6-3　湖北某项目场址概况图

第 7 章
风电场激光雷达
测风应用技术

在一些风资源分布复杂的区域，为了能准确评估风电场的风能资源，目前最为有效的方法是实施多点测风，使测风位置能有效地覆盖整个风电场。传统的测风塔建设周期长、投入成本高、拆除难度大，不太适合多点测风。可移动的激光雷达测风设备具有灵活机动的特点，可与风电场内的传统测风塔相结合，进行短时间的同期平行观测，之后通过对比和相关分析，达到全场测风的目的。

激光雷达作为一种新型的测风技术，其性能和应用技术有待深入研究。本书通过将激光雷达与测风塔进行同位置平行观测试验，验证激光雷达测风的准确性和可靠性。基于性能验证试验以及工程实践经验，总结归纳了激光雷达应用技术要点，为其在工程中的正确应用提供指导，有效降低复杂风况区域的风资源测量成本和评估风险。

7.1　激光雷达测风性能验证

为验证激光雷达的测风性能，将激光雷达放置在某风电场的测风塔附近，进行平行观测试验。通过两者的测风数据对比，分析激光雷达测风的准确性和可靠性。

7.1.1　测试条件

测风塔周围半径 15m 范围内为平坦空地，适合放置激光雷达设备，位置选择时需要避开测风塔的塔影影响，排除测量的干扰因素。

选择大风季进行测试，因为在大风季，可以测到较全的风速段，有利于对激光雷达在全风速下进行特性研究。

选择降水较多或湿度较大的季节测试，评估激光雷达在潮湿气象条件下的测风性能。

激光雷达在测风高度设置时，至少应有一个与测风塔的测风高度相一致，便于两者对比分析。

为得到完整、准确的测风塔平行观测数据，测试前需要对测风塔进行检测，确保测风塔无故障运行。

7.1.2　测风可靠性分析

本次测试时间共计 25 天，进行数据筛选后，激光雷达的有效数据完整率见表 7-1。以激光雷达设备记录的降雨标识为依据，剔除降雨及降雨产生的断电时间，激光雷达的有效数据完整率见表 7-2。测试期间，降雨天气共4.2 天。

表 7-1　　　　　　　　　激光雷达测风数据完整率统计

测量项目	应测记录数	有效记录数	有效完整率/（%）
130m 风速	3570	2671	74.8
110m 风速	3570	2714	76.0
100m 风速	3570	2745	76.9
90m 风速	3570	2785	78.0
80m 风速	3570	2832	79.3
70m 风速	3570	2901	81.3
50m 风速	3570	3213	90.0

表 7-2　　　　　　　　　激光雷达测风数据完整率统计

测量项目	应测记录数	有效记录数	有效完整率/（%）
130m 风速	2664	2509	94.2

129

续表

测量项目	应测记录数	有效记录数	有效完整率/（%）
110m 风速	2664	2530	95.0
100m 风速	2664	2536	95.2
90m 风速	2664	2546	95.6
80m 风速	2664	2558	96.0
70m 风速	2664	2571	96.5
50m 风速	2664	2651	99.5

通过对激光雷达采集到的测风数据分析发现：① 降雨天气会严重影响测风性能，导致出现缺测和不合理数据较多。② 当空气湿度在80%以上时，也会导致出现不合理的测风结果。③ 有效数据完整率随着测量高度的增加而逐渐降低。

7.1.3 测风准确性分析

为了评估激光雷达测风的准确性，将其测风数据与同期的测风塔数据进行平均风速对比以及相关性分析。

1. 平均风速对比分析

激光雷达测风数据与同期的测风塔数据进行的平均风速对比见表7-3。

表7-3　　　　　　　　　平均风速对比表

高度/m	测风塔/（m/s）	激光雷达/（m/s）	差值/（m/s）
90	5.11	4.85	−0.26
80	4.95	4.75	−0.20
70	4.80	4.65	−0.15
50	4.61	4.49	−0.12

通过与测风塔同期风速对比，可以看出激光雷达测得的风速偏低，并且差值较大。由于测风塔传感器设备在出厂前都经过了检测机构的严格标定，因此，本书认为测风塔所测的风速为准确数据。

2. 风速相关性分析

激光雷达测风数据与同期的测风塔数据的风速相关性分析如图 7-1 所示。

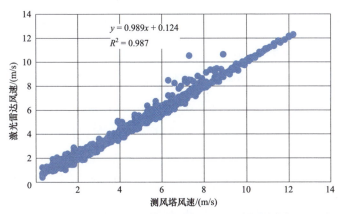

图 7-1　激光雷达与测风塔 90m 风速相关分析

通过对全体样本做相关性分析可知，激光雷达与测风塔相关性较好，90m 高度判定系数 R^2 达到 0.987，说明两者风数据的风频分布特征较为一致，激光雷达的平均风速偏差，可在实际测风时通过与测风塔进行相关性分析加以修正。

7.2　激光雷达应用技术要点

激光雷达测风技术具有灵活机动、测量高度范围大等特点，目前应用比较广泛，可用于风电场前期的风资源测量、风电场的微观选址、风机功率曲线的验证、风机叶轮面内的风切变分析等。然而作为一种新型的测风技术，

激光雷达采用了与传统测风设备完全不同的技术原理，测风条件和使用方法都会对其测风性能产生较大的影响，因此在应用前，需要先对特定环境下的测风性能进行验证和校准，结合激光雷达应用技术要点，与风电场内的传统测风塔相互配合开展测风工作，进而有效缩短测风时间、降低复杂风况区域的风资源测量成本和评估风险。

通过激光雷达的性能验证测试，结合工程应用实践经验，总结归纳了其应用技术要点，用于指导激光雷达设备在工程中的正确测风，进而有效降低复杂风况区域的风资源评估风险。

（1）正式测风前，需要与传统测风设备进行同位置、同期对比观测，分析两者的风速偏差和相关性，对风速测量偏差进行校正。

（2）为实现复杂风电场多点、快速测风的目的，激光雷达可与场内的传统测风塔相结合，选择主风向集中的时段，进行短时间的同期平行观测。同期观测的测风塔测风总时长要求在一年以上，以便对激光雷达的测风数据进行对比和相关分析，完成完整年的测风修正。

（3）激光雷达受降水等潮湿天气影响较大，建议测风时间避开降水季节，如果无法避开，在数据修订时，须认真识别和正确处理降水或潮湿产生的不合理数据。因此，在使用激光雷达设备前，须充分了解设备是否与测风区域的气候特点相适应。

（4）当激光雷达应用于短期快速测风时，在每个位置结束测风前，须对测风数据进行检验，以保证有效测风数据的完整率。

（5）激光雷达设备的使用需要考虑电源供电问题，一般采取太阳能电池板、蓄电池，或使用临近的居民用电，确保持续供电能力。

（6）由于其具有灵活便携的移动性能，在激光雷达测风设备使用时，需要做好防偷盗措施。

7.3 山地项目移动雷达测风案例分享

7.3.1　案例介绍

　　湖北某风电项目属于四周为断崖地形的台地风电场，地形比较复杂。图 7-2 为风电场所在位置的等高线地形图，风电机组计划安装在中部山顶的台地区域。除西南方向一个很小的扇区范围外，台地周围被坡度较大的断崖包围，断崖为 70°～90°的垂直坡度。山顶的台地内部为起伏较缓的山丘地形，海拔在 2080～2200m 之间，山顶台地内部的地形相对简单。

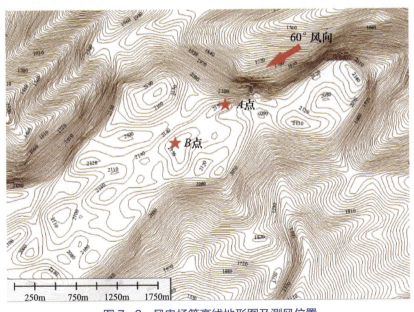

图 7-2　风电场等高线地形图及测风位置

　　由于山顶台地机位点不足，一些风机计划布置在崖顶边缘地带，而崖顶

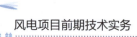

边缘地带在前期测风中并没有安装测风塔，如果贸然将风机安装在这一区域可能存在较大的风险，因此有必要在崖顶边缘地带选择合适的位置进行测风。基于项目进度要求，安装测风塔耗时会较长，最终选用可移动雷达设备、与台地腹地内的前期安装的测风塔进行平行观测。

图 7-2 中 A 点为新增设的移动雷达测风位置，位于台地北部的断崖崖顶边缘地带，海拔 2155m。B 点为前期安装的测风塔，B 点远离断崖边缘，位于山顶台地的腹地，距离 A 点 0.85km，海拔 2160m。A 点和 B 点连线方向地势平缓，两点海拔高度接近，相差仅 5m，两点的地表粗糙度也基本一致。为了降低因山顶台地内部地形变化对本次研究的影响，仅对两点连线方向，即 60°±15° 扇区的来流风速进行取样分析。该方向的断崖坡角接近 90°，崖顶到崖底落差约 350m，属于典型的垂直坡度地形。为了采集足够的样本数据，提升分析的准确度，两个位置同期平行测风 3 个月，采样间隔 10min，有效数据完整率为 80%。

7.3.2　风速分析

对 45°~75° 扇区风速进行统计分析，风速统计结果见表 7-4。在 40m、70m 和 90m 三个不同高度上，断崖边缘 A 点风速显著低于台地腹地的 B 点风速，A 点风切变明显高于 B 点。从表 7-4 中 A 点和 B 点的风速差值还可以看出，随着高度的下降，A 点风速的下降速度要快于 B 点。在山顶台地区域两点连线的 45°~75° 范围内地形和海拔基本一致、粗糙度一致的情况下，导致风速差异较大的原因主要是来流方向的空气流过断崖，在垂直坡度地形的作用下，气流状态发生紊乱，导致水平方向的风能降低，越靠近地表，这一影响越严重。气流随着向台地腹地的深入，垂直坡度地形对风流的影响逐渐减小。

表 7-4　　　　　　　　　*A* 点和 *B* 点实测平均风速对比表

45°-75°扇区 风速/（m/s）	40m	70m	90m	风切变
A 点	3.83	4.72	5.15	0.37
B 点	4.48	5.32	5.60	0.28
差值（*A*-*B*）	-0.65	-0.60	-0.45	0.09

图 7-3 为使用风资源流体软件 WT 模拟的 45°～75°风向扇区的全场风资源图谱。本次仿真使用 *B* 点 90m 高度的测风数据进行模拟，*A* 点的模拟风速为 5.90m/s，高于 *A* 点 5.15m/s 实测风速，也高于 *B* 点 5.60m/s 实测风速，*A* 点的模拟风速与实测结果差异较大。软件模拟与输入的条件、参数的设置，以及人为因素均有较大关系。如果不考虑这些影响因素的不确定性，仅从本次模拟结果可以看出，即使两点距离很近，使用腹地内的测风塔模拟断崖边缘的风资源会出现较大的模拟偏差。

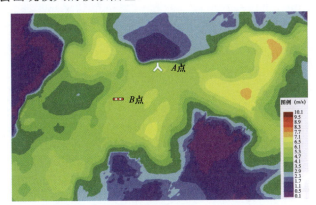

图 7-3　使用 *B* 点测风数据模拟的 45°～75°扇区的风资源图谱

7.3.3　湍流强度分析

图 7-4～图 7-6 是 *A* 点和 *B* 点在 90m、70m、40m 三个不同高度的代表

湍流对比图，表 7–5 为湍流值对应表格。在所研究的扇区范围内，山顶台地地形和整体地表粗糙度基本一致的条件下，因为 A 点位于垂直坡度的断崖顶部边缘，受地形影响严重，而 B 点位于台地腹地，地形影响减弱，所以实测结果为 A 点湍流显著大于 B 点。同时还可以看出，在 40m 高度，A、B 两点湍流差异大，而在 90m 高度，两点湍流比较接近，说明高度越低，地形对断崖顶部边缘影响越严重，随着高度上升，影响减弱。

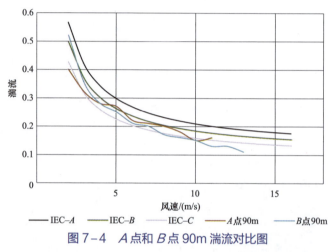

图 7–4　A 点和 B 点 90m 湍流对比图

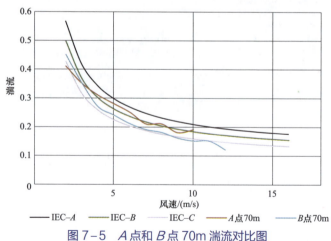

图 7–5　A 点和 B 点 70m 湍流对比图

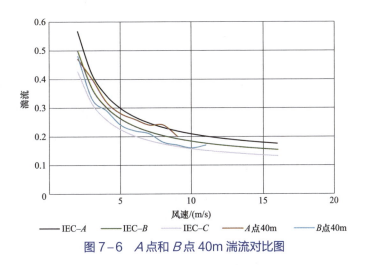

图 7-6　*A* 点和 *B* 点 40m 湍流对比图

表 7-5　　　　　　　　　*A* 点和 *B* 点各高度湍流对比表

风速区间/（m/s）	90m 湍流		70m 湍流		40m 湍流	
	A 点	*B* 点	*A* 点	*B* 点	*A* 点	*B* 点
2	0.40	0.52	0.41	0.45	0.47	0.48
3	0.32	0.35	0.35	0.35	0.40	0.33
4	0.28	0.28	0.31	0.27	0.32	0.29
5	0.27	0.25	0.28	0.24	0.28	0.24
6	0.22	0.21	0.25	0.21	0.26	0.22
7	0.21	0.20	0.21	0.19	0.24	0.21
8	0.20	0.17	0.21	0.18	0.24	0.18
9	0.18	0.16	0.18	0.16	0.20	0.17
10	0.15	0.15	0.19	0.15		0.16
11	0.16	0.13		0.15		0.17
12		0.13		0.12		
13		0.11				

7.3.4　总结

通过以上对垂直坡度地形风电场风资源特性的分析可知，如果来流风向

上存在垂直或近似垂直的坡度地形，将对坡顶边缘位置的风速和湍流产生不利影响，而随着向腹地的深入，不利影响逐渐减弱。同时，坡顶边缘位置入流角过大也会严重影响机组关键受力部件的安全性能。因此在风电场的机位选址时，为了充分利用场内风能资源，提高机组的发电性能，确保机组能够安全可靠运行，在主导风向上应尽量避免选择垂直坡度地形的坡顶边缘位置，而是选择远离坡顶边缘、气流恢复的腹地更加合理和可靠。

通过对考察区域进行移动雷达短期测风，并结合场内测风塔平行观测，可以快速评估出考察区域的风资源情况，排查出区域风险所在。此案例也充分证明了移动雷达测风在项目短期测风评估中的重要作用。

第 8 章
风电项目收购前期
技术注意事项

随着我国风电行业的快速发展，国有资本、民营资本、外资等纷纷进入我国风电开发领域，由于风电行业具有投资大、进入门槛高等特点，许多新进入企业即使完成了项目的前期开发，也会在项目融资和建设环节遇到诸多障碍。有些开发主体通过融资租赁＋EPC 总承包方式启动了工程建设，但由于新能源补贴的延迟性，投产后项目本身现金流非常紧张，无法独自还本付息，因此项目转让成为风电行业常见的商业行为。由于风电项目前期工作有较高的技术要求，不同的开发主体对项目的前期技术管理存在较大的差异，收购项目的技术评估也有独特的特点。

本专题的主旨是介绍收购项目的前期评估程序和注意事项。收购项目按其工程建设所处的阶段分为未开工项目、在建项目和投产项目，每种项目的评估程序和注意事项也有所不同。未开工项目前期资料保存最为完整，但由于未进入建设阶段，项目本身风险较大，例如项目本身存在许多颠覆性因素，包括涉及公益林、保护区、基本农田、重要矿藏等都会对项目形成重大风险，轻则项目需进行大的设计变更，影响项目发电量和项目收益，重则整个项目无法开工建设；在建项目前期资料保存相对完整，但场内测风塔可能会拆除，工程进入建设期后工程本身的风险较低，颠覆性因素基本排除；投产项目前期资料已经归档，前期资料的真实性和可靠性大为降低，需要进行多手段的甄别，因此投产项目的评估除了依据出让方提供的前期资料外，还需要分析风机运行资料进行补充分析。

8.1 未开工项目收购评估程序和注意事项

8.1.1 收集资料

未开工项目收购需要收集标的项目的可行性研究报告、测风数据、可行性研究用气象站数据、场址边界、核准相关附件（主要包括环评、压矿、土地、林业等）、地形图、拟选用的风机型号（包含风机功率曲线）和轮毂高度、标的项目周围 100km 范围内的风电项目信息。前期资料的收集尤为重要，资料越全面、越准确，资料和报告版本越新越具备参考性，也更有利于甄别资料的真伪，准确评估项目。

8.1.2　实地踏勘

未开工项目收购需了解标的项目的现场条件，包括复核测风塔的真实坐标，了解进场道路的转弯半径、通过桥涵的承重吨位、道路两旁村庄密集程度；踏勘现场的建设条件、地形复杂程度、地表植被情况以及周围高耸建筑物；踏勘拟建升压站位置，了解升压站站址的地形地貌、面积。只有进行细致的实地踏勘，弄清楚现场情况，才能弄清楚项目的概算能否覆盖实际投资。

8.1.3　项目评估

1. 测风数据评估

收购项目测风数据评估的一项重点工作是复核测风塔位置的真实性和准确性。首先比对测风塔坐标和现场测风塔实际坐标，看是否有偏差。如果测风数据中不带坐标，需格外注意，整个测风数据的可信度将大幅度降低。除了对测风塔坐标进行复核外，还要对比标的项目本身各测风塔风资源特点的一致性，由于一般的项目场址面积都不大，小范围内各测风塔的风资源特点是比较一致的，如果出现不一致的情况，需加以重视。分析完项目本身各塔之间风资源特点的一致性后再结合日常积累的测风数据、中尺度数据和 100km

范围内风电项目的数据进行综合对比分析，确定收集到测风塔的真实性。除了通过技术分析判断数据的真实性外，还需通过商务条款确定收购方可以对出让方因为测风数据真实性具有追诉权。

测风数据中常见的问题及解决措施如下：

（1）测风数据出现阶段性缺测，且缺测时段为非冰冻期。有些开发商为了提高项目的卖点，人为将测风数据中风速较小的时段故意删除，表面上看是数据缺测，如果收购时不注意，会按数据缺测处理，按平均值处理，这样会高估项目的风资源，并高估项目的收益率。这种问题比较容易甄别，只要分析缺测时段的季节性和气温，或者用中尺度数据进行相关性分析，基本就能判别出来。这类项目因属于故意造假，有商业欺诈嫌疑，一经发现，建议立刻终止合作。

（2）测风塔坐标不在场址范围内，或测风数据的风资源特点与场址范围处的资源特点不符。有些开发商前期管理不规范，测风塔档案管理缺失，或测风塔由别的地区移至新场址进行观测时没有修改记录仪坐标，坐标还是原场址的坐标，致使数据混乱。如果场内只有一座测风塔，且存在坐标不符问题，项目甄别会很困难，如果资源一般或略差，建议停止合作；如果风资源较好，可以通过分析周围风场资料、中尺度数据资料或采取测风雷达短期观测等手段进行补充分析，关键的是应选择较大的设计冗余，尽可能地降低评估风险；如果场内有两座或两座以上测风塔，坐标不符的塔可以作为参考数据。

收购山西某项目中场内选用的是 DNF 测风设备（见图 8-1），数据文件中没有设置测风塔坐标，且场区内其他几座测风塔的数据同为 DNF 数据，并无法找到坐标，整个项目前期测风工作管理混乱，同时标的项目为低风速项目，无法确定项目测风数据真伪，最终放弃收购。

有些项目实测风资源特点与场址范围处的资源特点不符，例如，内蒙古地区的项目主风向显示东南风，云南项目主风向显示西北风；除了风向外，还有风速的月分布变化特点、平均风速的大小、风切变特点等也可作为判别的指标和参数。如果场内就一座测风塔，项目的数据真伪很难甄别，建议放弃收购。

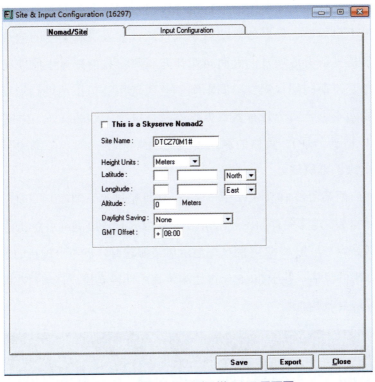

图 8-1　山西某项目测风塔 DNF 界面图

（3）测风时段不足一年。2015、2017 年是风电电价调整年，许多开发商为抢高电价在测风时间不足一年情况下匆匆核准，项目合作时数据不足一年，且 2015 年之后的南方项目大都为低风速项目，资源普遍较差，收购时依据中尺度数据进行插补延长风险较大。收购时，建议延长测风时段，待数据满一年后再出具最终的评估结果。

2. 测风塔数量不足问题

南方复杂山地项目地形复杂、植被茂盛,为更为准确地评估项目的风资源状况,一定数量的测风塔是必要的,而大多数标的项目都存在测风塔数量不足问题。解决该问题最有效的办法是采取保守估值法,留足够的安全边际,针对主风向集中的项目也可以用短期同期补充观测法来弥补测风塔数量不足问题。保守估值法需要风资源评估人员有丰富的项目评估经验,尤其是复杂山地项目。短期同期补充观测法只能针对主风向集中的项目,且由于短期同期观测受时间限制,一般选用测风雷达进行短期观测,观测时段为不少于 2 个月有效数据样本(可以为不连续样本,总有效数据样本不少于 2 个月),具体的测风雷达短期观测方法在第 7 章中有详细的论述,在此不再赘述。

例如广西某项目 10 万 kW 山地风场,绿框范围为一期,红框范围为二期,地形条件复杂,地形条件如图 8-2 所示,场内只有一座测风塔 0563 号,且立在场内最高点,虽然 0563 号测风塔显示风资源较好,但整个项目的风资源情况无法精确的评估,鉴于 2015 年雷达测风技术还没有推广,项目收购风险较大,最终放弃收购。

图 8-2　广西某 10 万 kW 项目场址地形图

3. 可行性研究报告着重复核内容

由于设计单位实力良莠不齐，有时开发商为了降低开发成本，会选择经验不足的设计单位，可行性研究报告的质量就无法保证。可行性研究报告中需要着重要复核的内容是代表年论证和 50 年一遇最大风速的论证，这两部分内容需要收集周围气象站数据，收购评估时无法自行评估，需要依靠可行性研究报告。代表年论证时要以周围气象站资料为基础，中尺度数据做参考。如果代表年论证结果存在异议，且风资源较差的项目，建议放弃收购；风资源较好的项目可以参考中尺度数据并考虑适当的安全边际。50 年一遇最大风速的论证在台风影响区域尤为重要，直接影响风机选型、风场发电量以及运行期风机的安全，因此 50 年一遇最大风速论证一定要谨慎复核，除了复核可行性研究报告的论证过程外，还要参考周围 100km 范围内已建风场的风机选型。如果论述不充分且无建成项目参考的台风影响区域应谨慎对待。

以河北某项目为例，可行性研究报告缺少代表年订正章节，50 年一遇最大风速论述也缺少详细的论述过程。轮毂高度处的 50 年一遇 10min 最大风速采用 WindPRO 软件进行计算。通过 WindPRO 和测风塔实测 10min 原始风速数据进行估算，耿贝尔拟合基于最小二乘法，得到测风塔 70m 高度的 50 年一遇最大风速为 39.76m/s，换算为标准空气密度下风速为 37.3m/s。

这种可行性研究成果对投资带来较大的风险，可能会带来设计成果与实际运行的很大差异，如果因此导致后期风场运行安全事故，会给收购方带来较大的损失。

随着中尺度数据精度的提高，气象站数据的收集逐渐不受重视，许多可行性研究报告不再收集气象站数据，代表年订正仅用中尺度进行订正。50 年一遇最大风速计算时不收集气象站数据，采取软件或欧洲方面的经验公式，用风场的年平均风速推算 50 年一遇最大风速，这种推算方法风险比

较大。

4. 项目涉及跨行政区边界

南方许多县界和省界大都以山脊线作为界线，这种以山脊线为界的定界方式对工农业生产没有任何影响，但对风电开发影响很大。风机布置在山顶，往往会涉及两个行政区，收购项目中跨界问题如不妥善解决，项目一旦交割，由于标的项目公司股权变更，后期协调工作难度较大，项目隐患增加。因此，位于边界区域的项目要格外引起注意，在发电量评估时需待机位确定后再出具正式的评估结果，项目交割时一定要预留足够的尾款来限制出让方，保证出让方在建设期能积极协调政府完成征地、征林问题。

例如山西某收购项目，项目涉及跨市界，市界沿着主山脊界定。场区内有一座测风塔，理想机位都需要布置在主山脊上。项目核准后开始进行项目转让，微观选址和征地、征林、征地补充工作都没有开展，项目地理位置如图 8-3 所示。这些工作没有完成，不仅会影响风机布置，从而影响项目发电

图 8-3　山西某项目地理位置图

量和项目收益，同时还存在征地、征林手续办理和征地征林补充等方面的不确定性。收购阶段很难判断，出让方也很难按收购方的技术方案和意愿开展工作，收购风险很大。

又如广东某收购项目，项目涉及跨市界和跨县界，属于三县交界和两市交界，山脊与界线基本重合，机位都需要布置在主山脊上，地理位置如图 8-4 所示。项目后期工作协调难度极大，出让方已经完成了项目的核准工作，但因为跨边界问题，导致微观选址时涉及机位和机型变化，与可行性研究方案差异很大，需要变更大部分核准附件，收购风险很大，最终放弃收购。

图 8-4　广东某项目地理位置图

5. 依据项目核准附件复核可行性研究报告或微观选址的机位点

山地风电项目中涉及的影响因素很多，包括保护区、国家公益林、压矿、水源保护区、基本农田等。有些项目整体风资源较好，但许多机位涉及颠覆性因素，如果不按照核准附件中保护区、国家公益林、压矿、水源保护区、基本农田等报告核实机位，很可能把涉及颠覆因素的理想机位作为建设机位，最终高估项目的发电量。等收购完成后，建设期间很可能出现理想机位点不足，需要选择风资源略差的机位，影响项目的整体收益，有些项目还会影响项目总容量。山地项目收购中除了做到主动依据项目核准附件复核机位外，还要通过协议约定出让方建设期的义务和尾款方式来保护收购方的权力。收购已建成项目也要依据核准附件复核微观选址的机位点，有些问题是通过调整规划来完成的，调规产生费用在建设期已经发生；有些问题是通过签订补偿协议来解决的，如遇到此类问题一定要找到相关补偿协议，查看补偿协议的内容，确定是一次性补偿还是按年补偿，以免影响后期项目的运行效益。

例如在吉林某项目收购中涉及油田问题，吉林西部地区油田比较多，风场与油田有交叉，正常情况风场应躲开油田区域（见图 8-5），按出让方口述，已经与油田所属单位达成协议，对方不会在后期风场运行中给收购方造成任何影响，但双方并没有签署正式的协议文本，后期隐患较大。

近年来的南方山地项目涉及的颠覆性问题很多，在项目开发阶段由于工作深度不够，很难把这些颠覆性因素搞清楚，在微观选址阶段待颠覆性因素搞清楚后经常会出现可开发机位点不足、更换机型、重新补办核准相关附件等。因此南方项目收购时要格外注意。

6. 复核项目的发电量结果

由于前期技术管理存在的差异，对于管理较差的项目，收购时发电量估算一定要留足够的安全边际。影响发电量的因素有许多，风资源数据管理不善导致的数据质量较差、测风塔数量不足、地形图缺失或精度不够、没有选用周边气象站论证代表年和 50 年一遇最大风速等，这几个因素即使重新复核

图 8-5　吉林某项目场址位置图

误差也会很大，无法有效解决误差带来的风险，因此发电量估算时一定要谨慎选取安全系数，风资源工程师的经验对结果的合理性非常重要。针对风险较大的项目建议采取考虑足够的安全系数，即使双方无法达成合作也应该坚持。

7. 调研当地的限电水平和电力交易情况并预测未来的可能水平

近年来限电现象加剧，新疆、甘肃、内蒙古、吉林、宁夏成为红色区域，限电和交易非常严重；陕北、青海、冀北、黑龙江、辽宁虽然没有成为红色区域，但限电也非常严重。限电地区的项目收购时除了估算项目的发电量水平外，还要调研当地的限电和交易水平并预测未来可能的限电水平，这是一项比较复杂的工作。有些省份或地区会每月向发电企业公开上月的实际发电量，供各发电企业参考监督；有些地区没有这些详细的资料，收集省市甚至县里的限电资料是比较困难，有效的办法是到当地电网公司和周围风场进行

访谈，了解当地的限电水平，收集当地能源主管部门发布的限电资料。收集完当地的限电水平后还需要预测未来的限电水平，这个问题更为复杂，未来限电趋势受国家、地方宏观经济的发展，电力外送规划，电力装机规划等影响，测算较为复杂，且存在较大的不确定性，进行测算时应留有足够的安全余量。需要收集近期的接入系统报告、当地电网架构图、历年限电水平、特高压规划等资料进行分析测算。

8. 提供项目的优化方案

收购项目依据现有的可行性研究报告进行评估价值，完成项目尽调和测算后，还要提出项目的优化方案，例如场址优化、机型优化、塔筒高度优化等。通过优化有时会较大提升项目的发电量，但这些优化措施可以作为安全余量或收购方的收益，不向出让方提出，但之前要向出让方确定场址是否可以实施优化，例如场址的整体位置调整，风机是否招标，是否有调整机型的可能等。

安徽某收购项目70m高度年平均风速5.80m/s，平均风功率密度218W/m²，可行性研究设计中选用 33 台 1.5MW－87 风电机组，等效满负荷发电小时数1858h。由于项目还没有开工，当时 2MW 风机已经非常成熟，2MW－110 和 2MW－115 风电机组已经成为主流，如果更换为 2MW 机型，发电量会增加10%～15%的发电量，仅仅风机优化就能极大提高项目的收益率，还不包括工程建设的优化。虽然这种优化会导致风机型号变化，机位数量减少，同时环保、土地等手续都需要变更，但相对于 10%～15%的电量增加相比，这些工作还是有价值的。

8.1.4 评估结论

对标的项目进行全面的分析，论述项目存在哪些问题，哪些问题是确定的，哪些是不确定的，哪些是存在风险的，存在哪些颠覆性因素，项目的优化方案对于弄不清楚的问题后期有哪些补充技术手段等。以下是常见的几种评估结论。

评估结论一：

该项目场内两座测风塔年平均风速差异较大（成因研究不清），后期应加强风资源的验证工作，从周边风场情况来看，该场址的资源情况与提供的数据相符。场内切变较大，超出常规值，建议下一步与风机厂家联系，确定大切变对机组的影响。场内条件相对复杂，第一排和第二排风机之间有一条铁路和 220kV 线路从中间穿过，存在集电线路与铁路和 220kV 线路交叉问题；场址北部规划有一个机场，距离风场较近，经民航相关单位评估，基本满足民航要求，但由于机场只是在规划阶段，具体建成后风场对机场的影响需待机场建成后才可论证清楚；场内涉及基本农田，今年正好赶上国家土地利用总体规划中期调整（2015 年 6～12 月），出让方正在进行土地性质调整工作，土地调规的成功与否直接决定项目的核准。从项目名称看该项目规划有后序项目，但该区域大都是农场，涉及基本农田，而基本农田的调整很困难，后期项目不确定性很大。

评估结论二：

一期项目由于资源相对较差，采用 1.5MW 机组发电量较 2MW－110 或 2MW－115 风机发电量偏低 8%～15%，建议变更单机容量，后续涉及核准附件变更问题；该项目土地性质 70% 为林地，还涉及部分补偿。

评估结论三：

项目一、二期已经投入运营，一期有 10 台风机无法运转，风机尚未进行低电压穿越改造；二期编制可行性研究时由于场区内没有测风塔，采用一期的测风塔，导致整个风场发电量不及一期风场的 60%；三期风场场址地形复杂，测风塔数量无法覆盖全场资源，需要详细论证，且三期 70m 高度年平均

风电项目前期技术实务

风速 6m/s，资源不理想；四期风场与二期位置相似，风资源更差，基本没有投资价值。

8.2 在建项目收购评估程序和注意事项

8.2.1 收集资料

需要收集标的项目的可行性研究报告、测风数据、可行性研究用气象站数据、核准相关附件（主要包括环评、压矿、土地、林业等）、地形图、使用风机型号(包含风机功率曲线)、机位坐标、微观选址报告、标的项目周围100km范围内的风电项目信息。在建项目的特点是项目已经开工建设，前期工作已经完成，收购此类项目的关键是复核项目的发电量和核准支持性文件是否合规。

8.2.2 实地踏勘

实地踏勘主要是现场复核各个测风塔的坐标。由于场内测风塔基本与机位重合，工程开工后测风塔往往会被拆除，因此实地踏勘时要在现场确认测风塔的位置，虽然看不到测风塔也可以在周边寻找测风塔拉线坑的痕迹，并在三维影像地图上查看是否有测风塔的映像资料。

8.2.3 项目评估

在建期项目风资源评估与未开工项目基本相同，与未开工项目不同的是，在建期项目机位、场内道路和进场道路都已经确定，只需核实取得的林地、土地等相关手续与现场实际情况是否一致，在此不再累述。

8.3　投产项目收购评估程序和注意事项

8.3.1　收集资料

需要收集标的项目的可行性研究报告、测风数据、可行性研究用气象站数据、核准相关附件（主要包括环评、压矿、土地、林业等）、地形图、使用风机型号（包含风机功率曲线）、机位坐标、微观选址报告、风机 SCADA 数据、风电场运行日志、标的项目周围 100km 范围内的风电项目信息。投产项目的特点是项目已经并网发电，前期工作已经完成，收购此类项目的关键是复核项目的发电量和核准支持性文件是否合规。

8.3.2　项目评估

投产项目风资源评估有自己的特点，与前面两类项目不同的是，前期资料时间都比较久，数据的真实性和可靠性都有所降低，不容易核实，除了采用常规的风资源评估和发电量复核外，还需要通过风场的运行日志和风机 SCADA 数据复核项目的真实发电量情况。

例如内蒙古某风电场，已经投运 2 年，装机容量 10 万 kW，安装 50 台 2MW 风电机组（见图 8-6）。场内没有测风塔，采用的是旁边风场的测风资料，虽然内蒙古包头地区属于高原荒漠，但还是有一定起伏，测风塔不具备

代表性，直接用测风塔评估项目的发电量，收购风险比较高。为解决无测风资料区域运行风电场的发电量评估，本书引入 SCADA 数据评估法。

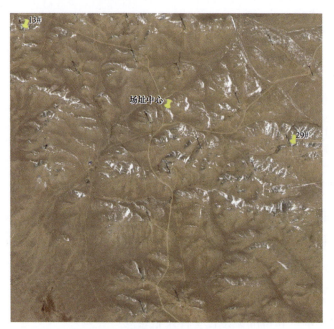

图 8-6　内蒙古某投运风电场布置图

第一步选定运行 1 年的风电场运行资料；

第二步通过中尺度和气象站数据进行代表年订正，将收集到的 1 年风电场的电量订正到平风年水平；

第三步根据风场的运行年限将订正后平风年的发电量水平订正为风场 20 年生命周期的平均年发电量。

由于蒙西限电非常严重，收集到的 1 年风电场发电量不能代表实际的发电水平，可以采用两种方法将存在限电的全场发电量订正为正常运行的发电量。第一种是将标杆风机发电量（一般场内都有 1～2 台标杆风机，标杆风机不限电）推成全场发电量，利用场址周围 1 座测风塔进行发电量模拟，然后再用标杆风机的实际发电量进行订正，将模拟的电量订正成全场实际发电量。

该方法适用于地形相对简单的场址。第二种方法是利用风场运行系统的限电量统计结果，该方法的缺陷是不同厂家的运行系统对限电的统计结果的误差不同；也可以自行统计每台风机的限电量。该方法的缺陷是工作量太大。该风场由于地形相对简单，且场内有两台标杆风机 13 号和 29 号，因此本项目采用第一种方法推出 2018 年全场的年发电量。利用包头气象站和场址处中尺度数据对该项目进行代表年发电量订正。最后将订正后的发电量订正为全年的发电量，根据后评估的经验，新投运第 1 年风场的发电量基本是全生命周期平均年发电量的 1.1 倍。

第 9 章
我国中东部地区
风资源特点和
高塔筒技术的优势

第 9 章　我国中东部地区风资源特点和高塔筒技术的优势

9.1　我国中东部地区基本情况介绍

我国中东部区域范围主要包括河北东部和南部、山东大部、河南中部和东部、安徽北部以及江苏北部地区，具体位置如图 9-1 所示。我国中东部地区的基本特点是地形平坦，以平原为主，大都为农田。中东部地区人口密集，村落众多。

图 9-1　我国中东部地区范围图

9.2　我国中东部地区风资源特点和风电开发进展

9.2.1　我国中东部地区风资源特点

我国中东部地区属于低风速区域，90m 高度年平均风速为 4.5～5.6m/s，

157

120m 高度年平均风速为 5.0～6.0m/s。河北中部、河南中部、山东西部主风向为 NNE～SSW，安徽北部、江苏西部风向比较分散，风资源和风向如图 9–2 所示，风切变为 0.28～0.35，风速月分布图如图 9–3 所示，春季风最大，夏季风小。

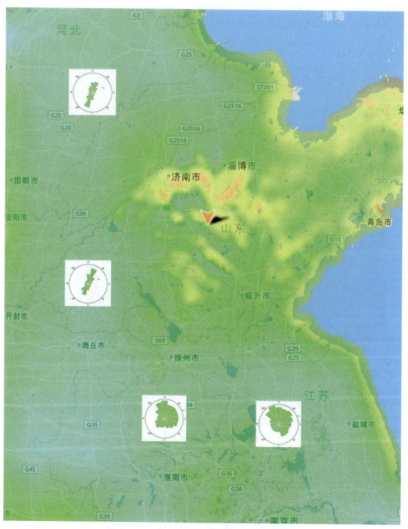

图 9–2　我国中东部地区风资源图谱

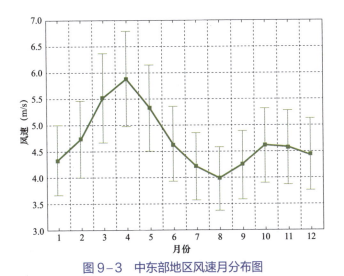

图 9-3　中东部地区风速月分布图

9.2.2　我国中东部地区风电开发进展

我国中东部地区风资源较差，90m 高度年平均风速为 4.5～5.6m/s。2013 年河南浚县火龙岗风电场和安徽明光县鲁山风电场投入运行，机型选用 1.5MW-87，轮毂高度 70m，属于中东部首批开发的风电场。由于当时中东部地区风资源较差，而当时的捕风效率最高的风电机组为 1.5MW-87，中东部大部分地区风资源不具备开发价值。随着 2MW-115 机型的推出，中东部部分地区风资源开始逐渐具备开发价值，许多开发商开始圈占中东部地区风资源，但项目的发电小时基本都不超过 1900h，项目的收益率较低。中东部地区项目开发的高峰期从 2015 年开始，核准项目呈现井喷，河南有些县一次核准规模高达 50 万 kW。随着这些项目的核准，如何提高项目发电量和项目收益成为当时亟待解决的问题，当时市场上已经出现 2MW-121 风机。中东部地区风资源最典型的特点是低风速、大切变，为了能够充分利用高层风资源，市场上开始推出了高塔筒技术，将塔筒从传统的 90m 提高到 120m，年平均风

速将从 5.3m/s 提升至 5.7m/s，发电小时将提升近 300h。由于有高塔架技术的助力，中东部地区风电迅速推进，140m 塔筒与 2.5MW – 140 组合使得中东部地区的发电小时超过 2500h，基本能实现平价上网。

9.3　高塔筒技术论证

9.3.1　为什么选用高塔筒

随着"三北"地区限电和风电开发竞争加剧，风电开发逐渐向南方和中东部地区转移，中东部平原属于负荷中心，不限电，电价高，成为竞争的热点区域，而中东部平原区域风速低、切变大的风资源特点，促使高塔筒技术的引进和应用。通过提高塔筒高度大幅提升发电量，保证项目的收益率。

9.3.2　高塔筒的种类

国际上高塔筒的种类比较多，有全钢塔筒、混合塔架、桁架塔架、全混凝土塔架等。早期高塔架主要用于巴西、欧洲和美国。国内最早的混合高塔筒始于 2011 年，2015 年 100m 和 120m 混合塔筒开始实际应用，目前 120m 和 140m 的混合塔架都已经在国内批量化应用；国内最早的柔性全钢塔架始于 2014 年，目前 120m 和 140m 的柔性钢塔也已在国内批量化应用。同时多片组合式全混凝土塔架和分段式的混凝土塔架也开始在国内应用。

1. 混塔方案介绍

（1）混合塔架介绍。国内最早的混凝土 – 钢混合高塔架由金风科技与中国电建集团西北勘测设计研究院合作开展研究。混合塔架的原理是通过下部的混凝土段提高塔架整体的刚度，从而保证整个塔架的刚度，同时，依靠混凝土的低造价，控制整个塔架的造价。

（2）国内最早的混合塔架研究历程如图 9-4 所示。

2011 —— 水利水电规划总院牵头金风科技与电建西北勘测院合作，成立攻关项目组

2012 —— 金风德国研发中心与德国国际知名塔架设计咨询机构确定样机方案 加入国家高技术研究发展计划（863计划）

2013 —— TENSAM现浇式钢混塔架样机投运

2015 —— TENSAM预制装配式钢混塔架样机投运

图 9-4　国内混合塔架研究历程（金风科技供图）

（3）混合塔架施工工艺。混合塔架的下段由预制混凝土段叠加而成，混凝土各段用钢绞线连接，满足应力要求。混合塔架最底端与风机基础采用现浇方式一体浇筑而成，中间混凝土各段采用分段预制。这种混凝土段预制需要较大的预制场地和堆场，混凝土强度等级要求较高。相对于传统的全钢塔架，工序复杂，质量控制难度大，加工和养护周期长。预制混凝土塔筒如图 9-5 所示。

（4）混合塔架的运输方案。混凝土段可以采取整段运输和分片运输来满足道路运输要求。混凝土塔架运输方案如图 9-6 所示。

（5）混凝土塔架的吊装周期。混凝土塔架的合理吊装周期为 7d/台，由于混凝土塔架一般是分段组装，在安装工序上有一定的要求，合理的安装工序能提高安装效率。

（6）混合塔架的环境适应性。为了提高混凝土塔架的环境适应性，可以在安装完成后依据当地的风俗和环境特点刷上相应的颜色和图案。

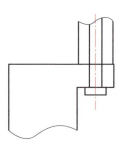

图9-5　预制混凝土塔筒现场图（金风科技现场）

图9-6　混凝土塔架运输方案（一）

图9-6　混凝土塔架运输方案（二）

2. 柔塔方案

（1）柔性塔架介绍。柔性塔架是以牺牲塔架的刚性，从而降低塔架的造价。塔架刚性不足时会导致塔架晃动，风机运行时引起共振。为了解决晃动过大问题，通过增加阻尼来降低塔架晃动，风机运行引起的共振通过风机的控制策略来避免风机共振。柔性塔架的自身频率小于风机的额定频率，风机进入满发前必然会出现风机频率等于塔架频率，出现共振，风机通过控制策略，在出现共振前，通过变桨控制转速，当风速大于共振风速后，控制风机迅速穿过共振点。

（2）国内首批柔性塔架研究历程。

2013年底～2014年技术调研；

2014年底～2015年底完成样机塔筒设计和锚栓的生产；

2016年6月完成首台样机的吊装，同年开展了江苏滨海项目和东台项目的吊装。

9.3.3 混合塔架与柔性塔架技术特点对比

混合塔架与全钢塔架特性对比见表 9-1。

表 9-1 混合塔架与全钢塔架特性对比表

项目	120m 混合塔架	120m 全钢塔架
塔架类型	刚性	柔性
原理	简单、可靠	复杂
运输满足度	可以	可以
高度上的外延性	能够继续加高	能够继续加高
产品质量控制	混凝土室外施工，质量不容易控制	厂家制作，质量可控
生产周期	受模具和现场条件限制，需要合理安排施工	与传统塔筒周期一致
施工组织	涉及混凝土部件的生产、运输、吊装等工序，需合理安排	成熟
吊装时间	略长	短
吊装工艺	简单	需注意涡激
投资	较全钢略高	较混凝土略低，但受钢价波动

9.3.4 不同类型塔筒造价比较

120m 全钢柔性塔架与混合塔筒工程量、造价对比见表 9-2。

表 9-2 120m 全钢柔性塔架与混合塔筒工程量、造价对比表

项目	120m 全钢柔性塔筒				120m 混合塔筒（88m 钢+32m 混）			
	单位	数量	单价/万元	总价/万元	单位	数量	单价/万元	总价/万元
钢结构部分	t	310	0.7	217	t	210	0.7	147
预制混凝土塔架 C60	m³		0.2	0	m³	278	0.2	55.6

续表

项目	120m 全钢柔性塔筒				120m 混合塔筒（88m 钢+32m 混）			
	单位	数量	单价/万元	总价/万元	单位	数量	单价/万元	总价/万元
钢绞线（预应力钢筋）	t		1.2	0	t	23	1.2	27.6
锚栓组件	t	17	1.1	18.7	t		1.1	0
基础混凝土 C40	m³	650	0.08	52	m³	550	0.08	44
基础钢筋	t		0.4	26	t		0.4	18
混凝土塔架普通钢筋					t		0.4	6
阻尼								
吊装含机舱叶片/万元	d			35	d			66
总价/万元				348.7				364.2

9.3.5　中东部地区某项目 120m 高塔筒与 100m 塔筒的经济性比较

作者以中东部地区某风场进行不同塔筒高度的经济性比较（见表 9-3），根据现场情况估算了项目的概算值（2017 年造价标准），100m 塔架高度单位千瓦投资 8596 元，120m 塔架单位千瓦投资 8940 元，千瓦造价增加 344 元。

表 9-3　　120m 高塔筒与 100m 高塔筒经济性比较表

财务指标汇总表			
序号	项目名称	100m	120m
1	装机容量/MW	80	80
2	年上网电量/MWh	144 640	162 320
3	总投资/万元	69 726.76	72 126.1
4	建设期利息/万元	2153.76	2228.1
5	流动资金/万元	240	240

续表

序号	项目名称	100m	120m
6	销售收入总额（不含增值税）/万元	152 715.97	171 383.14
7	总成本费用/万元	117 609.15	124 422.05
8	销售税金附加总额/万元	1538.54	1774.01
9	发电利润总额/万元	43 184.14	56 274.64
10	经营期平均电价（不含增值税）/（元/kWh）	0.521 4	0.521 4
11	经营期平均电价（含增值税）/（元/kWh）	0.61	0.61
12	投资回收期（所得税前）/年	11.81	11
13	投资回收期（所得税后）/年	12.55	11.83
14	全部投资内部收益率（所得税前）/（%）	7.5	8.55
15	全部投资内部收益率（所得税后）/（%）	6.19	7.06
16	全部投资财务净现值（所得税前）/万元	2457.03	8002.81
17	全部投资财务净现值（所得税后）/万元	969.49	5522.4
18	自有资金内部收益率/（%）	9.8	12.93
19	自有资金财务净现值/万元	2498.84	6877.01
20	总投资收益率（ROI）/（%）	4.65	5.44
21	投资利税率/（%）	2.52	3.26
22	项目资本金净利润率（ROE）/（%）	11.43	14.71
23	资产负债率/（%）	81.01	80.01
24	盈亏平衡点（生产能力利用率）	0.770 6	0.723
25	盈亏平衡点（年产量）/（MWh）	111 456.56	117 357.05

从上面的测算结果来看，塔筒从 100m 增加到 120m，发电小时数增加 220h，增幅 12.17%，投资增加 300 元/kW，增幅 3.44%，同时资本金收益率增加 3.13%。可见高塔筒对提高项目发电量，提升项目收益率有很大的优势。

第 10 章
风电场发电量后评估

我国风电行业经历了15年的飞速发展，风电场也由"三北"地区建设到了南方山地和海上。风电行业飞速发展的同时也暴露出许多问题，其中最突出的问题是发电量不及设计预期。为弄清楚原因和解决问题，行业内纷纷启动风电场发电量后评估工作，旨在找出原因，解决问题，总结经验，避免类似问题再次发生。

导致风电场发电量不及设计预期的原因有许多，主要包括场内风资源论证不清，高估了场址的风资源水平；风机选型不科学，风资源与机型不匹配；设备故障率过高；低估场址灾害天气对风电机组的影响，如高湍流、冰冻、雷暴等对风电机组的影响；限电等外部因素影响。

目前风电场发电量后评估还没有一套详细的方法和规范，本书结合实际工作尝试介绍一种风电场发电量后评估的方法，以便解决后评估的一些问题。

10.1 风电场发电量后评估方法

风电场发电量后评估是通过分析实际发电量和设计发电量差异，找出导致这种差异的原因，并提出解决方案或修订设计参数以避免类似问题再次发生。因此风电场发电量后评估的方法主要是统计分析法和排除法。

10.2 风电场发电量后评估工作程序

风电场发电量后评估工作程序主要包括风电场问题收集和初步分析、后评估方案设计、资料收集和运行记录收集、内业评估。

10.2.1　风电场问题收集和初步分析

　　风电场发电量不及设计预期或者部分机位风机发电量过低是开展后评估工作的起因，也是风电场存在问题最直接的反映，是各运营商最为关注的问题。该问题可能是由单个原因造成的，也可能是由多个原因造成的，因此需对这些问题进行收集和初步分析，以便后面做出有针对性的后评估方案。

　　下面介绍导致风电场发电量不及设计预期的常见原因。

1. 测风工作深度和精度不足导致的评估误差

　　测风是风电场设计的基础，如果测风工作深度和精度不足，会导致后期设计阶段的评估误差；如果是测风设备本身存在问题，严重者会出现评估错误；如果是测风塔代表性不足或测风塔数量不够，往往是评估结果精度降低。本书中多处对测风工作进行了详细的论述，此处不再进行赘述。

2. 代表年订正选取的气象站或中尺度数据参考性不强导致的评估误差

　　气象站资料参考性降低主要由于气象站周围条件变化和站点迁移导致的气象站长期资料不同序造成的。中尺度数据由一些国际共享气象资料通过气象模式模拟获得，由于气象站本身存在一些问题，因此中尺度数据的参考性也待时间的验证。

3. 风资源模拟导致的评估误差

　　山地风场地形复杂，植被覆盖多样，风资源分布也变得非常复杂，很难通过数值模拟模拟现场的流场分布，因此现有的商业化软件对山地风场的模拟结果都有一定的误差。如果模拟误差超出一定的范围，就会导致风电场发电量不及设计预期。当然，这种误差除了在风速上的直接反映外，还表现在对湍流的模拟误差上，湍流上的误差会影响风机选型和运行安全。

4. 风机选型导致的发电量不及设计预期

目前，市场上风机类型和型号比较多，风机招标时选用的风机单位千瓦扫风面积小于设计推荐风机的单位千瓦扫风面积，发电量往往会不及预期。

10.2.2　后评估方案设计

后评估方案设计主要依据风电场存在的主要问题，这样目的性比较强，能够用最少的时间和精力解决问题。后评估方案设计可以按如下步骤进行：首先，确定运行时段的大小风年，将其发电量订正为平风年电量；第二步，对比订正后每台机位的实际发电量与设计发电量，分析实际发电量与模拟发电量的差异，不仅要分析全场发电量是否达到设计预期，还需要分析实际发电量与模拟发电量偏差较大的机位，主要分析风机故障、功率曲线，排除上述两个原因后，就是模拟误差，可以依据后评估结果修正风资源模型参数，提高模拟精度；第三步，分析第二步发现的问题，确定问题原因；第四步，分析每台风机的功率曲线，以便确定风机实际功率曲线是否达到合同要求；第五步，研究停机记录，分析造成停机的主要原因。这五步能分析出风电场中存在的所有问题，但并不是每个后评估项目需要上述所有步骤，可以依据问题的复杂程度，缩减某些步骤。

10.2.3　资料收集和运行记录收集

后评估需要的资料较设计阶段的资料要多，需要收集周围风电场长期测风资料，设计阶段参考气象站长期测风数据，中尺度数据以确定分析时段的大小风年；收集最终风机的机位坐标，周围风场的坐标，每台风机发电量，微观选址报告；每台风机的 SCADA 运行数据；风机运行日志和升压站运行日志，故障记录表。

10.2.4　内业评估

1. 代表年订正

风电场建成后现场条件与设计阶段有很大变化，风场投运后即使场内还有测风塔，测风塔的运行环境与设计阶段的环境完全不同，因此场内测风资料也不能作为后评估的资料。后评估阶段的代表年订正只可以参考气象站数据、中尺度数据和场外距离不远的上风向上的长期测风塔。这三种资料中气象站数据由于气象站周边环境变化，数据往往呈现持续下降的趋势，并不能准确判断大小风年，有时无法使用；中尺度数据没有气象站数据的问题，但中尺度数据精度较差，与场址测风塔的相关性比较差；场址的长序列资料精度最高，但在场内很难找到周边条件不变的长期测风数据。因此风电场发电量后评估时一定要分析这三种数据，进行综合对比合理选取。下面以实例来论述后评估代表年订正。

青海某项目投运两期：一期位于西侧，装机容量 4.95 万 kW，安装 33 台 1.5MW－87 风电机组，轮毂高度 70m；二期位于东侧装机容量 5 万 kW，安装 25 台 2MW－110 风电机组，轮毂高度 80m。场址地形起伏不大，场址处主风向为东风和西南风。一期和二期场内原有测风塔已经拆除，二期南部 2.5km 处有一座测风塔 0986 号，具有 3 年完整的测风数据。周边气象站距离场址 29km，气象站资料完整可靠，也收集了场址的中尺度数据。项目现场布置图如图 10－1 所示。

后评估分析了三种数据，结果见表 10－1。

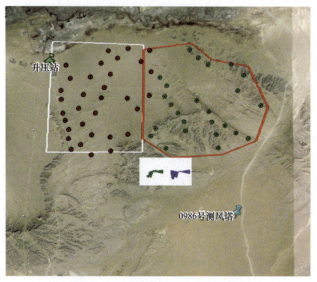

图 10-1 青海某项目现场布置图

表 10-1   2015～2017 年三种资料对比分析表

年份	气象站数据	中尺度数据	0986 号测风塔 90m 高度	长期代表性	修正系数
2015	1.70	5.76	6.07	大风	1.02
2016	1.75	5.78	6.33	大风	1.11
2017	—	5.65	6.01	平风	1.00
近 10 年	1.65	5.65	—	—	—
近 20 年	1.64	5.66	—	—	—

由表 10-1 可以看出，气象站数据、中尺度数据和 0986 号测风塔三种数据对 2015～2017 年这三年的大小风年结论一致，可以依据中尺度数据将 2015～2017 这三年的发电量订正为平风年的发电量。

虽然上述青海一期和二期两个项目的代表年订正较为理想和可信，但并不是所有的项目长期资料一致性非常好，大部分风电场周围没有可以参考的长期实测测风数据，同时由于气象站周围环境变化或迁站原因，气象站数据不具有长期一致性，剩下的只有中尺度数据，而中尺度数据在判定大小风年方面存在一定不确定性。针对这类项目最好的办法就是待风电场运行 3 年以上后根据风电场的发电量变化来确定大小风年。

2. 分析场内单台风机发电量是否达到预期

分析场内单台风机发电量是否达到预期前首先进行分析时段电量的代表年订正，进行实际发电量与设计发电量对比时需要注意，一般情况下新投运的风电机组，功率曲线保证率和风机可利用率都比较高，远高于 95%，而设计阶段这两个参数往往选取 95%，根据统计新投运风电场发电量一般会比设计发电量高 10%以上，随着风电场投运时间每增加一年降低 1%（统计结果）。如果全场风电场发电量较设计发电量高 10%左右，表示该风电场达到设计预期；如果严重低于预期，说明该风电场存在问题，需要进行详细的分析，确定发电量不达预期的具体原因。

3. 确定问题原因

当全场发电量达不到设计预期时，可能是由于部分风机达不到设计预期导致全场发电量不及设计预期，也可能是由于全部每台风机都达不到设计预期。如果是部分风机达不到设计预期，往往是由于风资源模拟精度不够，高估了部分机位风资源水平；也可能是发电量严重低于设计水平的机位湍流过高，经常停机。这两种现象很容易分开，如果是这两种情况，需要详细研究项目的地形情况、风速、风向情况，修正模型参数，使得模型模拟结果接近实际情况，并对此类案例进行整理总结，避免以后项目中出现类似问题。有些场址风资源情况即使是优化模型参数也无法模拟准确风资源情况，尤其在狭管场址中，狭管谷底风资源较好，而狭管的半坡上风资源较差，当设计阶段测风塔数量不够时，往往发现不了该规律，忽视该问题，导致设计出错。这种情况最明显的特征是风机发电量变化规律明显，从半坡到谷底发电量越来越高，谷底发电量最高。当然湍流过大经常引起停机的情况可以与风机厂研究调整风机的参数，尽可能在保证风机安全的情况下，减少停机，以提高电量；如果是全场风机发电量都低于设计预期，需要逐个排查，设计阶段代表年订正不准确或使用数据源问题可能性较大。冰冻折减考虑不够在南方高海拔地区较为常见，而冰冻折减也是最难把握的参数，且冰冻年际间是有变化的，也无法通过相关计算方法计算出来的。基地项目连片开发，周围风场影响考虑不足也较为常见，解决该问题最好的办法是将周围风场在设计阶段就布置上去计算项目的尾流。平原项目尾流影响低估也较为常见，行业内对平坦地形和海上尾流低估的论述较多，但进行高精度后评估的不多，主要由于我国西北地区的项目风资源普遍较好，间距较大，且目前限电严重，尾流精度并没有引起大家关注。中东部地区的风场投运时间较短，且中东部地区运行环境较好，其他折减影响较小，整体上风场运行能够达到设计预期，尾流精度问题也没有暴露出来。

4. 实际功率曲线是否满足合同规定

关于实际功率曲线的测定，根据 IEC 规定，现场条件复杂，很难满足 IEC 测试要求。本书在《风电场风电机组功率曲线测定方法介绍》一章中详细介绍了现场风机功率曲线的测定方法，目前风电机组在型式认证阶段都要进行样机的功率曲线测定，在测试场测定风机功率曲线时，会测定出轮毂前风速与轮毂后风速的相关关系，通过主机上的风速仪结果订正出轮毂前风速，再结合输出功率生成风机的功率曲线。鉴于风场实际功率曲线很难精确测定，可以直接分析风机的功率曲线。分析全场风机是否达到合同要求，尤其要分析各台风机功率曲线的偏差，哪些风机的功率曲线严重偏差，然后具体分析偏差的原因。正常情况下同批同型号风电机组的功率曲线偏差很小，如果偏差过大，可能是叶片有问题，例如叶片遭雷击导致叶片损坏，气动性降低；也有可能是风机的机械传动效率偏低，造成机械传动效率偏低有可能是机械设备更换或定检时没有严格按操作规程安装好，可以检查复位。

5. 停机原因分析

风电场发电量不及设计预期是问题的表象，要想弄清楚原因还需要分析停机记录，通过统计和分析停机记录能确定造成风电场发电量不及设计预期的根本原因。例如个别机位实际湍流较设计湍流偏大，会造成湍流偏大的机位频繁出现湍流过大振动停机，通过统计分析就能分析出来。表 10-2 为某 1500kW 风机运行一年的停机记录统计，从结果可以看出，2～8 月内滑环故障 20 次，损失电量 9.46 万 kWh，基本上占到全年电量的 2.5%，而其他风机滑环故障次数比较低，可见该机组需要进行技改或维修，彻底解决滑环故障次数偏多问题。可见停机记录分析能发现许多重要信息，可用以提升风机的发电水平，也是后评估较为重要的部分。发现问题比较重要，但最重要的是解决问题，只有分析各种停机原因，并将能解决的问题予以解决，提升电量是最终的目的。

同时停机记录分析也是风电场发电量后评估中最为烦琐的工作，不仅需要统计每台风机 SCADA 停机记录，还要将停机记录、停机时间、损失电量结合起来统计，统计工作量很大，因此停机原因分析需要编制自动化的程序进行处理，才能提高效率。

10.3　风电场发电量后评估展望

目前，风电场发电量后评估还没有统一的规范和标准，因此后评估工作量比较大，也没有自动化的程序和系统来完全解决风电场发电量后评估的全部问题，因此未来风电场发电量后评估还有许多工作要做，而且也有较高的经济价值和研究价值。

表10-2　　　　　　　　　　　B4 风机故障、检修停机表

月份	自动停机		电池		箱变		滑环故障		电气柜元件		齿轮箱		齿轮箱油		主轴		叶片不对称		半、一年定检		其他	
	次数	累计电量	次数	累计电量	次数	累计电量	次数	累计电量	次数	累计电量	次数	累计电量	次数	累计电量	次数	累计电量	次数	累计电量	次数	累计电量	次数	累计电量
1	0	0	0	0	0	0	0	0	0	0	0	0	0	0	0	0	0	0	0	0	0	0
2	2	727	0	0	0	0	2	11 111	0	0	0	0	0	0	0	0	0	0	0	0	0	0
3	0	0	0	0	0	0	5	46 813	0	0	0	0	0	0	0	0	0	0	0	0	2	15 165
4	0	0	0	0	0	0	1	1393	0	0	0	0	0	0	0	0	0	0	1	669	1	1660
5	1	471	0	0	0	0	2	4558	0	0	0	0	0	0	0	0	0	0	3	9543	0	0
6	1	4794	0	0	0	0	2	13 930	0	0	0	0	0	0	0	0	0	0	0	0	1	16 172
7	2	267	0	0	0	0	6	12 968	0	0	0	0	0	0	0	0	0	0	0	0	2	1088
8	0	0	0	0	0	0	2	3819	0	0	0	0	0	0	0	0	0	0	0	0	3	5327
9	1	804	0	0	0	0	0	0	0	0	0	0	1	3448	0	0	0	0	0	0	2	2241
10	2	716	0	0	0	0	0	0	0	0	0	0	0	0	0	0	0	0	0	0	1	778
11	2	1368	0	0	0	0	0	0	0	0	0	0	0	0	0	0	0	0	1	1207	2	911
12	9	5478	0	0	0	0	0	0	0	0	0	0	0	0	0	0	0	0	0	0	0	0
次年1	1	367	0	0	0	0	0	0	0	0	0	0	0	0	0	0	0	0	0	0	2	2443
合计	21	14 992	0	0	0	0	20	94 592	0	0	0	0	1	3448	0	0	0	0	5	11 419	16	45 785

第 11 章
风电场风电机组
功率曲线测定方法

11.1 功率曲线的定义和分类

功率曲线是风电机组运行性能的重要表现形式。所谓功率曲线就是以风速 V 为横坐标，以输出的有功功率 P 为纵坐标来反映风电机组出力性能特性的曲线。功率曲线分为静态功率曲线、动态功率曲线和测试功率曲线。

11.1.1 静态功率曲线

在风力发电机组设计过程中，通过设计仿真得到的功率曲线为理论功率曲线，也称为静态功率曲线。静态功率曲线忽略了风的湍流特征，是理想情况下得到的机组出力性能。在对风电机组进行仿真时还需要考虑控制策略的作用，以反映机组的实际运行状况，如变速变桨机组需要通过改变桨距角来控制输出功率的大小，在快达到满负荷与满负荷之间有明显的拐点，如图 11-1 所示。静态功率曲线是在风速恒定条件下得到的风电机组功率曲线。

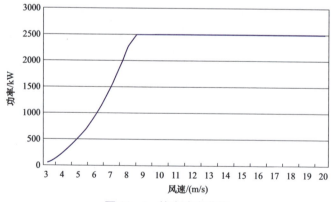

图 11-1 静态功率曲线

11.1.2　动态功率曲线

动态功率曲线是考虑风的湍流特征和控制策略之后得到的风速和功率的关系曲线，每种风速下的功率是一定时间内的功率平均值。动态功率曲线在达到额定功率之前更平滑，无明显拐点，如图 11-2 所示，显然更符合机组平缓运行的实际情况。

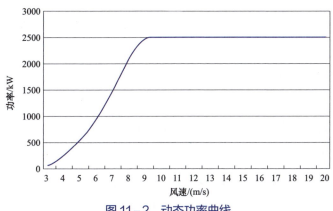

图 11-2　动态功率曲线

11.1.3　测试功率曲线

目前，国内市场上主流的机型有双馈型、永磁直驱型、半直驱型等，不同的厂家即使选用的技术路线一样，由于生产工艺和各种主设备的差异，其风机功率曲线都会存在一定的差异。如何客观公正的评估各机型的动态功率曲线，需要测试运行机组的功率曲线，以判定各个厂家机组的实际性能。

GB/T 18451.2—2012/IEC 61400-12-1 标准（以下简称 IEC 标准）对测试功率曲线进行了详细的定义，按该标准测试出来的功率曲线更为接近现实，

同时也用于型式认证。

11.2   IEC 标准

IEC 标准对整个风电机组功率曲线测试过程和技术标准进行了详细的论述，其包括测试准备、测试设备、测试程序、结果推导和报告格式五部分，为行业提供了一种统一的方法来保证对风力发电机组功率特性测量和分析的可靠性和准确性。IEC 标准可应用于风电机组制造、安装、运行、管理等领域。

11.2.1   测试准备

测试准备中最复杂和重要的环节是测试场地部分。测试场中有测风塔、测试风电机组、周围运行的风电机组、附近障碍物等，测试场地的地形往往有一定起伏，测风塔和测试风电机组都会受到周围环境的影响，因此在测风塔位置选择、扇区选择方面都有一定的要求，使得测风塔和测试风机受周围环境影响最小。

功率曲线测试的一个核心因素是风速的测量，因此需要在测试场地上的风电机组附近安装测风塔或安放雷达测风仪。由于测试场地的现场条件限制，测风塔测得的风速值并不能真实地反映风机前的风速值。

在进行测试之前，需对测试场地的气流畸变情况进行评估，以便选择测风塔的安装位置，确定合适的风速测量扇区，估算出合适的气流畸变修正系数，评估由于气流畸变造成的误差。地形变化、其他周边风电机组和周围障碍物必须加以特别考虑。

1. 测风塔的位置

在安装测风塔时，需要特别注意其安装位置，尽量不要太靠近风电机组，因为在风电机组前方的风速值会降低。相反也不要离风电机组太远，太远无法真实反映风机前风速。测风塔与被测试的风电机组之间的距离为 2～4 倍叶轮直径（简称为 D），一般建议采用 2.5D 为宜。当测试风电机组设置于测风塔上风向时，风机尾流会对测风塔有影响，因此测风塔必须设置在一定的扇区内，避开风机尾流对测风塔的影响。图 11－3 给出了测风塔与风电机组之间的间距要求和测量扇区。

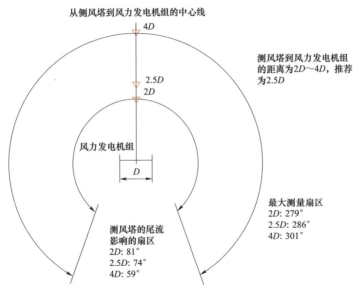

图 11－3 测风塔与测试机组间的距离和最大允许测量扇区

2. 测量扇区

测量扇区应该排除明显障碍物、地貌变化和其他风电机组。测试机组本身尾流对测风塔的干扰，需要排除的扇区如图 11－3 所示。周围风电机组和明显障碍物对测风塔影响，需要排除的扇区按图 11－4 中所示进行计算。如果周围风电机组在正常运行时，则需要按照尾流干扰处理；如果周围风电机组处

于停机状态，则需要当作障碍物处理。如果测风塔轮毂高度与风电机组处轮毂高度之间的风流被干扰了 1%或更多，则必须看作是有重要影响的障碍物。障碍物在测风塔或风电机组高度 z 处的影响，可以用下面公式进行估算。

$$\Delta U_z / U_h = -9.75(1-P_0)\frac{h}{x}\eta \exp(-0.67\eta^{1.5}) \tag{11-1}$$

$$\eta = \frac{H}{h}\left(K\frac{x}{h}\right)^{\frac{-1}{n+2}} \tag{11-2}$$

$$K = \frac{2k^2}{\ln\dfrac{h}{z_0}} \tag{11-3}$$

式中　ΔU_z——障碍物在测风塔或风电机组高度 z 处的风速影响的大小；

x——指障碍物下风向与测风塔或测试风电机组的距离；

h——指障碍物高度（m）；

U_h——指障碍物高 h 处的自由风速（m/s）；

n——指风廓系数（n=0.14）；

P_0——障碍物的孔隙率（实心为 0，无障碍为 1）；

H——指轮毂高度（m）；

z_0——粗糙度（m）；

k——卡曼常数（k=0.4）。

有明显障碍物影响的扇区根据图 11-4 避开相应的扇区。对应的尺寸为实际的距离 L_e 和障碍物的等效风轮直径 D_e。障碍物的等效风轮直径定义为

$$D_e = \frac{2l_h l_w}{l_h + l_w} \tag{11-4}$$

式中　D_e——等效风轮直径；

l_h——障碍物高度；

l_w——障碍物宽度。

气流受到干扰的，需要避开扇区的角度为

$$\alpha = 1.3 \times \frac{180}{\pi} \arctan\left(2.5\frac{D_e}{L_e} + 0.15\right) + 10 \qquad (11-5)$$

对于由风电机组尾流造成的干扰，D_e 和 L_e 可替换成风电机组的风轮直径 D_h 和与风电机组的距离 L_h。

测风塔与障碍物或运行风电机组的相对距离和需要排除的被干扰的扇区角度之间的关系如图 11-4 所示。

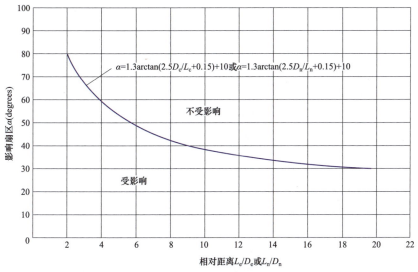

图 11-4　由于紧邻物体、正在运行的风电机组或高大障碍物应排除在外的扇区

图 11-5 给出的区域应将以下情况排除在外：

（1）测风塔处在测试风电机组的尾流影响下 ［见图 11-5（a）］；

（2）测风塔处在附近运行的风电机组尾流影响下 ［见图 11-5（b）］；

（3）测试风电机组处在附近运行的风电机组尾流影响下 ［见图 11-5（c）］；

（4）测风塔受高大障碍物影响 ［见图 11-5（d）］；

（5）测试风电机组受高大障碍物影响 ［见图 11-5（e）］；

（6）以上所有情况的组合发生 ［见图 11-5（f）］。

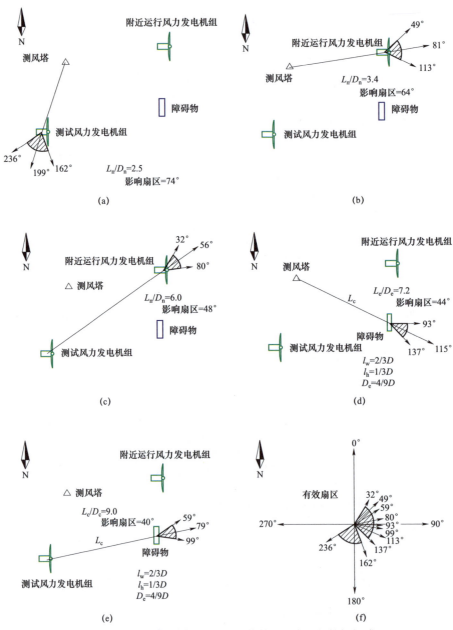

图11-5 由于被测机组、邻近物体、正在运行的机组或
高大障碍物而造成的尾流应排除在外的扇区的例子

3. 测试场地形要求

研究地形对风流的扰动时，IEC 标准推荐将测试风力发电机组的扇区根据图 11-6 分成若干区域。如果测试场地形条件符合表 11-1，则不需要进行场址修正；如果地形条件没有额外超出表 11-1 中要求的最大坡度限制 50%，则可以用流体模型决定是否需要场址校准。如果流体模型模拟结果测风塔位置和风电机组轮毂高度处在 10m/s 时误差小于 1%，那么流体模型在该类型的地形条件下是适用的，则不需要场址校准；否则需要进行场址修正。

表 11-1　　　　　　　　测试场所要求：地形变化

距离	扇区	最大倾角 /（%）	地形偏离平面的最大偏差
<2L	360°	<3[1]	<0.04（H+D）
≥2L 并且<4L	测量扇区	<5[1]	<0.08（H+D）
≥2L 并且<4L	测量扇区之外	<10[2]	不适用
≥4L 并且<8L	测量扇区	<10[1]	<0.13（H+D）

1）与扇区地形最吻合、并通过塔架基础的平面的最大倾角。
2）连接塔架基础和扇区内的每个地形点的直线的最大倾角。

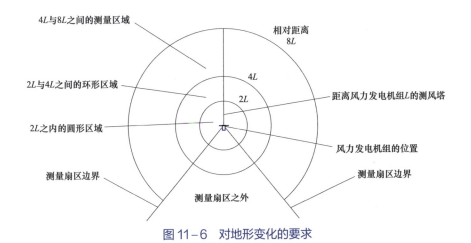

图 11-6　对地形变化的要求

11.2.2　测试设备

测试设备包括测量功率的装置、风速和风向测量装置、气温和气压测量装置、降水监测说明、风力发电机组运行状态监测系统、数据采集系统。

11.2.3　测试过程

1. 风电机组运行

在测试过程中，风电机组应按其使用手册所述正常运行，不得对机组进行任何形式的结构更改，在测试周期内风电机组的正常维护可以进行，但是应将结果记录在测试表格中。例如频繁进行叶片清洗等能使功率曲线变得更好的特殊的运维工作将被特殊注明。

2. 数据收集

数据的采集应该采用 1Hz 或以上的取样速率连续进行。对于温度、气压、降水量以及风机运行状态等参数可以降低采样频率，但至少每分钟采样一次。

3. 数据筛选

为确保风电机组正常运行时的数据来使用，以下状态下的数据将被剔除：

（1）超出风电机组最大运行风速的极端条件；

（2）风机故障处于停机状态；

（3）风机处于人为关机或在试验或维护模式下；

（4）测试设备失效或损坏（例如传感器结冰）；

（5）风向超出测试传感器的范围值。

在一些特殊工作情况（比如由于灰尘、盐雾、昆虫、冰雪造成叶片表面非常粗糙）或大气气候条件下（比如降水、风剪作用）下采集的数据需要作为特殊数据，而在测试报告中应说明其筛选的标准。

4. 数据库

在完成数据回归后，选定的测试数据要根据数据域（bin）方法进行排序，所选取的数据应该覆盖从低于切入风速 1m/s 到风电机组 85%额定输出功率时风速的 1.5 倍的范围内。换言之，风速范围应该覆盖从小于 1m/s 切入风速到"测得的年发电量"大于或等于 95%的"外推的年发电量"时的风速。风速范围应分成 0.5m/s 的连续的数据域，数据域的中心值是 0.5m/s 的整数倍。

该数据组在满足以下条件时，可认为完整：

（1）每个 bin 中至少包含有 30min 的采样数据值；

（2）全部测试周期中包含风电机组风速范围内正常运行至少 180h。

11.2.4 结果推导

从测试所筛选出的数据组需要折算回归到两种参考空气密度下的数据：一种为在测试试验场所测得的空气密度平均值，其变化幅值接近 0.05kg/m³；另一种应为标准空气密度（1.225kg/m³）。如果实测空气密度值在（1.225±0.05）kg/m³ 范围内，则没必要进行空气密度折算。空气密度可以根据所测得的大气温度和压力进行计算：

$$\rho_{10\min} = \frac{P_{10\min}}{R \cdot T_{10\min}} \qquad (11-6)$$

式中　　$\rho_{10\min}$ ——10min 平均空气密度；

$P_{10\min}$ ——10min 平均气压；

R ——气体常数 287.05J/（kg·K）；

$T_{10\min}$ ——10min 平均绝对气温。

对于采用失速控制的定桨距风电机组，其所得的功率输出数据可以利用

公式计算：

$$P_{n} = P_{10min} \frac{\rho_{0}}{\rho_{10min}} \qquad (11-7)$$

式中　　P_{n}——折算后的功率输出；

　　　　P_{10min}——测得的 10min 平均功率值；

　　　　ρ_{0}——标准空气密度；

　　　　ρ_{10min}——所得到的 10min 的平均空气密度。

对于变桨距风电机组应采用折算后风速数据，可按下面公式折算：

$$V_{n} = V_{10min} \left(\frac{\rho_{10min}}{\rho_{0}} \right)^{1/3} \qquad (11-8)$$

式中　　V_{n}——折算后的风速值；

　　　　V_{10min}——测得的 10min 平均风速值；

　　　　ρ_{10min}——测得的 10min 平均空气密度；

　　　　ρ_{0}——标准空气密度。

11.2.5　报告格式

测试报告格式可以参考 IEC 标准，书中不再累述。

11.3　IEC 标准在风电场实际功率测定中的适用性

样机型式认证阶段风电机组功率曲线测试会安排在专门的测试场，测试场中能严格执行 IEC 标准，而实际运行风场的风电机组功率曲线更为重要，它不仅是判定实际运行风电机组发电能力优劣的标准和风电机组出质保验收的一个指标，也是对某些发电量严重达不到设计电量的问题风场后评价的一个重要内容。如何测试投运风场风电机组实际功率曲线成为业内亟待解决的问题。

运行风电场与风电机组测试场的区别是运行风场测试风电机组和测风设备都受周围风电机组影响，很难避开 IEC 标准要求的影响扇区，所以测试运行风场的风电机组功率曲线要有一套专门的方法。

一个风电场一般会选用同一厂家和同一型号的风电机组，由于风场中的风电机组型号相同，出厂时间接近，机组采用的生产工艺和质量控制标准相同，风电场中机组的功率曲线表现是基本接近的，因此风场中风机功率曲线的测定更侧重于风场整场风机功率曲线的测定，而不是单台机组的功率曲线测定。本书结合 IEC 标准和风电场的特点研究了整个风电场风电机组功率曲线测定方法，具体步骤如下：

首先对比整场风电机组间功率曲线的误差，主要目的是对比分析同批次风电机组功率曲线的差异，通过对比可以反映出主机厂的工艺水平和质量控制水平。如果各机组功率曲线误差较小，说明主机厂的工艺水平和质量控制水平较高；反之，说明主机厂的工艺水平和质量控制水平较低。该阶段功率曲线的对比采用的数据为 SCADA 系统中的风速和输出有功功率，风速一般为机舱上面风速传感器测出的叶片后风速，输出功率为风机出口功率。

第二步是测定风轮吸收风能的效率，即测定轮毂前和轮毂后风速之间的关系。由于同型号风电机组叶片尺寸和翼型相同，风能利用效率相同，只要测定出轮毂前与轮毂后风速的相关关系，即可将 SCADA 系统中的功率曲线修订成风电机组的实际功率曲线。有些风机厂家的机组在型式认证时完成了轮毂前与轮毂后风速相关关系测定，SCADA 反映出的功率曲线就成为修订后的实际功率曲线。

第三步是测定单台风电机组的功率曲线，通过单台风电机组的功率曲线反映整场风电机组的功率曲线水平。根据 IEC 标准要求，风场中测试风电机组和测风塔都会受到周围风机的影响，很难严格按 IEC 标准严格测试，因此只能选择受周围风机和环境影响最小的风机作为测试机组。

风电场根据地形复杂程度分为地形平坦风场和复杂地形风场，新疆达坂城、甘肃河西、内蒙古等"三北"地区风场大都属于地形平坦的风场；南方山地和丘陵风场大都属于复杂地形风场。

"三北"地区的风场地形平坦，主风向集中。按照 IEC 标准，在测试风电机组主风向上布置测风塔，则很难找到合适的测风塔位置以避开周围风电机组的影响；如果把测风塔布置在风电机组非主风向上，虽然能够满足 IEC 标准，避开各个风电机组对测试风电机组和测风塔的影响，但非主风向上测风样本非常少，无法满足 IEC 标准样本数量要求。"三北"地区风电场机位布置图如图 11–7 所示。

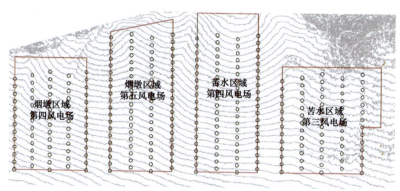

图 11–7 "三北"地区风电场机位布置图

南方地区复杂地形风场，地形复杂，主风向集中，风电机组往往沿山脊布置，许多项目主风向与山脊走向垂直或有一定倾角。如果将测风塔布置在测试风机的上风向，则测风塔将设立在山坡上，气流从山坡流到山顶，会造成气流收缩，流速加大，在山坡上设立测风塔一方面无法准确测出轮毂高度的风速，另一方面山坡坡度一般无法满足 IEC 规范关于地形坡度的要求。复杂地区风电场机位布置图如图 11-8 所示。

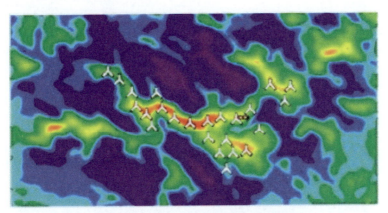

图 11-8　复杂地区风电场机位布置图

11.3.1　测风塔位和测试风电机组的选取

运行风电场与风电机组测试场条件完全不同。"三北"地区风场地形平坦，风场基本以基地开发模式进行，风场形成较大规模，且风场之间间距较小；而南方风电场，地形复杂，大多数风场风机沿山脊布置。

1. 平坦地形风场

本书选了达坂城、哈密两个风电基地项目来说明。

达坂城风场位于峡谷通道中，地形平坦，场址布置如图 11-9 所示，场址主风向 NW～ES，风向集中，所有风场按垂直主风向（3～5）D，平行主风向（5～8）D 梅花形布置。如果测试一期和二期风场的风电机组功率曲线，由于风场处于整个场区的中部，周围都有风场，按 IEC 标准，测风塔将无法避开周围风机的影响；如果测试三期风电场，则可以选择最靠西北侧的一排风电机组，选择西北风向样本，在测风点 1 设置测风塔可进行风机功率曲线的测试，采用这种方案可以满足 IEC 标准。

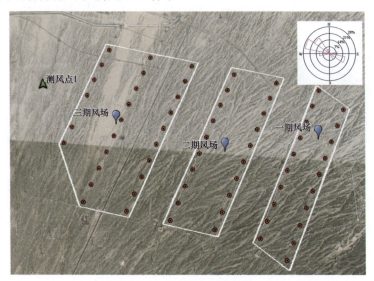

图 11-9　达坂城风电场

哈密基地项目由新疆维吾尔自治区组织规划，主风向集中，为 W～E，场址间缓冲带宽度为 3km，风机布置方案如图 11-10 所示。平行主风向采取变宽度的方式，尽可能减小尾流影响。第一排与第二排间距为 11D，由于场址间隔离带 3km 宽，达 28D，中间宽度为 21D，相对都比较宽。在测试风机上风向上布置测风塔时，按照 IEC 标准进行计算。

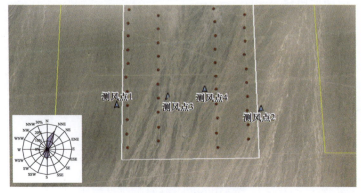

图 11-10　哈密风电场

2. 复杂地形风电场

本书选用了湖北某山地风电场为例进行论述。

湖北某项目属于复杂地形项目，主风向集中，为 NNE～S，风机布置方案如图 11-11 所示，风机主要布置在山梁上，山梁走向与主风向基本垂直。从风机布置、山梁走向和主风向分布来看，测试该项目的功率曲线，测风塔如果布置在风机的上风向上，无法满足坡度要求，理想的方案是将测风塔布置在测试风机附近的山梁上，测风塔的风速更能反映测试风机的实际风速。测风塔选择时最好选择在比较平坦的山梁上，测风塔海拔与测试风机海拔接近，如果测风塔与测试风机海拔差异较大，可通过 CFD 模型模拟，将测风塔处的测风数据订正为测试风机的风速。

图 11-11　复杂地形风电场

11.3.2　数据样本选取

风电机组在实际风场运行中受到许多因素影响，导致风机不能按最优工况运行。例如在风向发生变化时，风机会跟随风向仪的指令驱动偏航电机调向，使得风轮正对来风风向，在该过程中由于风轮与风向有一定的夹角，风机的输出功率并不能达到该风速条件下的设计功率；当出现冻雨或降雪天气时，叶片气动性下降，叶片无法从风中获得设计的动能，因此风机的输出功率也出现下降；风机的功率曲线除了受到控制策略、气候、风特性（湍流、入流角等）影响外，还受到风沙和叶片污染等因素影响。这些因素中控制、湍流、气候影响都属于瞬时影响，只有当条件发生时才会影响风机的输出功率下降，而风沙和叶片污染导致的叶片气动性降低一般是长期的影响，当风沙和污染物对叶片影响后，如果叶片得不到清理或修整，风机的输出功率将会出现一定的下降。我们一般是在风机出质保或者风场刚建成头几年发电量严重低于预期情况下才测定风场实际功率曲线，因此对于一个运行时间较短的风场，风机的实际功率曲线测定时将这些影响样本全部剔除，在选择样本时只选择主风向上风机在正常工况下的样本数据，这样得出的才是风机的实际功率曲线。因此测定现场实际功率曲线时风场的运行记录也必不可少。

11.3.3 结果推导

最后的工作就是建立机舱风速仪测得的风速与输出功率的对应关系，由于一年中各个季节的空气密度不同，进行数据回归时每个样本组要进行密度的订正，统一订正为标准空气密度下或现场平均密度下。

由于气流经过风轮时，风能被风轮吸收，转化为动能，叶轮前后风速存在差异，根据现场的实际测量，风轮前后的风速呈现很好的相关性，因此只要测定出风轮前后风速的相关关系即可将风机的 SCADA 中的功率曲线修正为风机实际功率曲线，而不需要完成一个完整年的测风。

最终形成一套数据系列，数据系列应为 $A（V_i，P_i，\rho_i）$，该数据系列已经剔除了非正常运行工况的数据，风速已经经过相关性订正，通过这个数据系列可以绘制成标准空气密度下的功率曲线。

11.4　风场实际功率曲线应着重测定的指标

11.4.1　风场中各机组 SCADA 中功率曲线的偏差

该偏差反映了机组生产厂家的生产工艺和质量控制水平的高低,偏差越小表明厂家的生产工艺和质量控制水平越高，反之越低，我国早期的机组该指标可能较差，但随着标准化流程和自动化水平的提高，该指标正在逐渐减小。

11.4.2　风电机组的额定功率的满足度

风电机组在达到满发后通过变桨，保持风电机组一直处于额定功率状态，由于该指标比较容易获得，也更容易反映风电机组的性能，因此可以将该指标作为实际功率曲线测定的一个重要指标。我国早期的机组有许多无法达到满发功率的情况，而近几年不仅要求达到额定功率，还要求有 5%的冗余。

第 12 章
过程理论在复杂
地形风电项目
前期管理中的应用

随着全球气候变化，风能作为一种清洁能源备受关注。我国自 2003 年开始规模性的开发风电，截至 2018 年，全国总装机容量达到 2.1 亿 kW。风电产业在我国经历了起步期、成长期，已经进入成熟期，与之相应的前期管理也经历了一个发展的过程。我国在 2003～2010 年期间开发的区域主要为"三北"地区和东部沿海，这些区域的共同特点是地形简单，基本是平原和荒漠戈壁，风资源条件也相对较好，年平均风速在 6.5～8.0m/s。由于项目地形简单，风资源较好，项目风险相对较低，项目前期管理采用粗放模式，管理水平较低。2011 年至今，随着"三北"地区限电加剧，南方区域成为风电角逐的焦点，南方地区的特点是地形复杂、道路条件差、风资源一般偏差、颠覆性因素多，采用以往的项目管理方法逐渐暴露出许多不足，甚至无法确切地判断项目是否达到投资标准，项目风险增加，亟需一种新的项目前期管理方法解决该问题。

12.1　过 程 管 理 理 论

系统地识别和管理组织所应用的过程，特别是这些过程之间的相互作用，称为"过程方法"。

过程管理是指使用一组实践方法、技术和工具来策划、控制和改进过程的效果、效率和适应性。过程管理包括过程策划（Plan）、过程实施（Do）、过程监测（检查）（Check）和过程改进（处置）（Act）四个部分，即 PDCA 循环四阶段。PDCA 循环又称为戴明循环。

PDCA 循环是能使任何一项活动有效进行的一种合乎逻辑的工作程序，特别是在质量管理中得到了广泛的应用。PDCA 循环是开展所有质量活动的科学方法，如 ISO 质量管理体系、QC 七大工具等。改进与解决质量问题，赶超先

进水平的各项工作，都要运用 PDCA 循环的科学程序。

不论提高产品质量，还是减少不合格品，都要先提出目标，即质量提高到什么程度，不合格品率降低多少，这就要有个计划；这个计划不仅包括目标，而且也包括实现这个目标需要采取的措施；计划制定之后，就要按照计划进行检查，看是否实现了预期效果，有没有达到预期的目标；通过检查找出问题和原因；最后就要进行处理，将经验和教训制定成标准，形成制度。

12.1.1　PDCA 管理循环特点

PDCA 循环可以使我们的思想方法和工作步骤更加条理化、系统化、图像化和科学化。它具有如下特点：

（1）大环套小环，小环保大环，互相促进，推动大循环；

（2）PDCA 循环是爬楼梯上升式的循环，每转动一周，质量就提高一步；

（3）PDCA 循环是综合性循环，4 个阶段是相对的，它们之间不是截然分开的。

12.1.2　八个步骤

步骤一：分析现状，找出题目。强调的是对现状的把握和发现题目的意识、能力，发掘题目是解决题目的第一步，是分析题目的条件。

步骤二：分析产生题目的原因。找准题目后分析产生题目的原因至关重要，运用头脑风暴法等多种集思广益的科学方法，把导致题目产生的所有原因统统找出来。

步骤三：要因确认。区分主因和次因是最有效解决题目的关键。

步骤四：拟定措施、制定计划（5W1H）。即为什么制定该措施（Why）？

达到什么目标（What）？在何处执行（Where）？由谁负责完成（Who）？什么时间完成（when）？如何完成（How）？措施和计划是执行力的基础，尽可能使其具有可操性。

步骤五：执行措施、执行计划。高效的执行力是组织完成目标的重要一环。

步骤六：检查验证、评估效果。"下属只做你检查的工作，不做你希望的工作" IBM 的前 CEO 郭士纳的这句话将检查验证、评估效果的重要性一语道破。

步骤七：标准化，固定成绩。标准化是维持企业治理现状不下滑，积累、沉淀经验的最好方法，也是企业治理水平不断提升的基础。可以这样说，标准化是企业治理系统的动力，没有标准化，企业就不会进步，甚至下滑。

步骤八：处理遗留题目。所有题目不可能在一个 PDCA 循环中全部解决，遗留的题目会自动转进下一个 PDCA 循环，如此，周而复始，螺旋上升。

12.2 过程管理理论在风电项目前期管理中的应用

传统的风电项目前期管理方法认为风电开发是线性的，顺序性的，前序工作与后序工作的关系只是前后关系，前序工作的质量对后序工作影响重视不够（见图 12-1）。前期工作主要包括测风、风资源评估、可行性研究报告编制、项目核准，通过一步步的工作即可完成前期工作。传统的风电项目前期管理认为风机选型和微观选址不属于前期管理范畴，属于设备采购和工程建设范畴，项目前期参与较少。复杂地形风电项目较地形简单的项目复杂得多，因此要求有复杂的过程设计和过程控制手段，通过一步步的过程控制，

监测点监测，识别、排除各过程的潜在风险，来提高复杂地形风电项目的前期管理水平。本文探索将复杂地形风电项目前期工作分为若干个过程，然后将 PDCA 管理方法应用于复杂地形风电项目前期管理，提高前期项目管理水平（见图 12−2）。

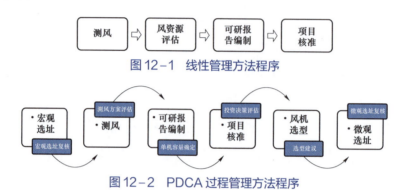

图 12−1　线性管理方法程序

图 12−2　PDCA 过程管理方法程序

12.2.1　过程策划（P）

根据复杂地形风电项目前期工作特点，采用 PDCA 循环把复杂地形风电项目的前期工作分为宏观选址、测风、可行性研究报告编制、项目核准、风机选型和微观选址六个过程。这样设计过程最大的变化是将风机选型和微观选址纳入前期工作范畴，因为风机选型和微观选址在复杂地形风电项目中更为重要，光靠之前的步骤并不能控制发电量的最终结果，只有加入这两步才能使得影响发电量的链条完整。

除了上述六个过程外，又加入宏观选址复核、测风方案评估、单机容量确定（可行性研究报告编制阶段）、投资决策评估、风机选型建议和微观选址复核六个监测点。过程监测，监测每个过程的重要参数，分析问题，并提出解决方案。

宏观选址、测风、可行性研究报告编制、项目核准、风机选型和微观选址六个过程是在以往项目管理基础上演变和深化而来的。

1. 宏观选址

宏观选址是初步选择拟开发的风电场区域，旨在选择最合适的风场，而非最优质的风资源区域。该过程需要综合考虑风资源、建设条件、交通条件、电网条件，环保要求、土地要求、压矿要求、林地要求等其他影响风电项目开发的因素。该过程是一个综合性工作，首先要排除影响风电项目开发的不利因素，然后综合考虑各条件，初步确定场址。如果单考虑风资源，而忽略建设条件、交通条件和电网条件会造成项目投资过大，影响整个项目收益。宏观选址完成后需要进行专业的宏观选址复核，复核各个影响风电项目开发的不利因素是否核实清楚，复核项目的资源情况是否能够达到开发标准，是否有合适的进场道路，建设条件如何等。通过这个监测点的监测工作能够从源头上避免出现核准过程中环保、土地、压矿、林地等重要影响因素影响项目核准的问题，保证核准工作能按预期完成。通过复核资源、建设条件和道路条件，确定的可行性，提高项目开发的成功率。

2. 测风

测风工作是对拟建场址区域内进行 1 年及以上时间的测风工作，测风包括测风塔数量选择、测风塔位置和高度选择。复杂地形风电项目由于其地形原因，区域内风资源很复杂，很难掌握，确定合适的测风塔位置变得尤为重要。有些项目因为测风塔位置设置不合理，测出的资源较场内真实的资源差，而将整个项目放弃；有些项目因为测风塔位置不合理，不具备代表性，导致CFD 软件模拟的场内资源失真。因此，一定要结合 CFD 软件的特点，在拟建场址内选址合适的测风塔位置。合适数量的测风塔是在保证能测出场址的代表性风速的基础上，尽可能的经济。测风工作完成且项目进入核准阶段前需通过测风方案评价对测风的结果进行监测，测风方案评估着重评估测风数据

质量，是否能够达到规范要求，风资源的各个基本参数是否在正常值范围内，测风塔数量能否满足投资决策要求。通过测风方案评估，提出目前场内测风塔存在的问题以及整改方案，场内资源是否特殊，场内需要增加几座测风塔，测风塔位置和高度。

3. 可行性研究报告编制

可行性研究报告编制旨在论证项目的可行性，通过不同专业的详细论证，确定风电项目的可行性。可行性研究报告编制过程设置了一个过程监测点——风机单机容量确定，通过提前确定单机容量可以避免风机选型与核准附件之间的矛盾，因此该项工作不可避免。

4. 项目核准

项目核准过程是项目开工前的准备工作，通过环评、水保、地灾、压矿、土地、节能、林业的详细论证，论证项目是否符合国家、行业的各项要求，最后完成核准。核准后项目投资前，设置了投资决策评估监测点。投资决策评估为了评价项目是否达到公司的投资标准，投资决策评估主要评估风资源真实水平、投资概算和测算项目收益，同时论证项目存在的潜在风险，风险影响大小，为公司决策提供支持。该监测点是对项目前面所有过程的监测，能在最后一步控制项目的风险，保证公司资金的安全，通过该监测点的论证，如果项目风险高、项目收益一般，即使完成了核准工作，也可以放弃项目的最终投资，保证投资的有效性。

5. 风机选型

风机选型过程属于重大设备采购范畴，前期工作涉及较少。复杂地形风电项目地形复杂、风资源复杂，对风机设备有更高的要求。风机设备采购前需要设置监测点对场内资源特点进行精确评估，为风机设备采购提出要求，保证采购到适用于该项目的合适机组。

6. 微观选址

微观选址过程以往属于工程建设范畴，前期关注不够。微观选址阶段设置微观选址复核监测点。通过微观选址复核，确定风机的最优排布方案，同时保证风机的运行安全，这也是决定风电项目发电量的最后环节。

12.2.2　过程实施（D）

复杂地形风电项目前期管理采用 PDCA 管理法，不仅需要对过程进行策划、监测点设计，还要针对各个过程编制可执行的相关规定。过程实施要严格按相关规定执行，严格按过程顺序实施，不能随意跳过某个过程，同时保证监测工作的质量。

12.2.3　过程监测（C）

宏观选址复核、测风方案评估、单机容量确定、投资决策评估、风机选型建议、微观选址复核为复杂地形风电项目前期管理的监测点，通过过程监测，能保证后期工作顺利开展。

宏观选址复核能检查前序工作质量，且能保证后期核准的顺利开展和最终目标的完成；测风方案评估不仅能检查测风工作的质量，且能保证投资决策评估有必需的数据；单机容量确定能保证核准附件与招标选择的风机一致；投资决策评估不仅能检查前期所有工作的质量，且能为最终目标完成提供支持；风机选型评估主要保证项目能选择出合理的机型；微观选址复核主要保证能确定最优的风机布置方案，同时保证项目发电量能够达到投资决策评估时的发电量。

监测点的设置更加突出了过程之间的相互作用，过程之间不仅仅是前后

关系。

12.2.4 过程改进（A）

将复杂地形风电项目前期管理按策划好的过程分步骤实施，通过监测点的检查，能够检查出各个步骤的执行情况、工作质量，而且由于监测点的设置，使得问题更容易追踪，不至于出现问题累积，从而导致最终无法准确追踪到问题的真正来源。

12.2.5 PDCA 过程管理法的实际应用

PDCA 过程管理法应用到复杂地形风电项目前期管理中后，发现宏观选址工作中土地、压矿、环保方面容易出现调研不清，现场建设条件和道路条件勘察不清等问题，通过与执行人员沟通发现，造成这些问题的原因是没有到当地土地和环保部门进行严格落实，没有到场址实地进行详细踏勘。因此需要宏观选址复核人员认真复核，同时要求项目前期管理人员严格执行前期管理规定，认真落实相关规定；测风工作中存在测风塔位置设置不合理、测风塔数量不对等问题，通过分析发现，造成这一问题的原因有管理规定执行不严格、地形过于复杂、项目管理人员专业欠缺等。改进方案是加强对项目管理人员的技术支持，提升项目管理人员的专业水平；可行性研究报告编制阶段的单机容量确定方面执行比较好；项目核准和投资决策评估执行的比较好，该过程需要投资决策评估人员有较专业水平和充分的数据支持；风机选型过程中由于涉及工作分工的调整和很多制度的调整，风机选型过程存在部分问题，需要尽快修改制度，保证风机选型过程不被随意跨越；微观选址和复核执行的相对较好，该过程也需要复核人员有专业的水平，且需要与项目管理人员进行充分的沟通，保证工作质量。目前微观选址工作属于工程建设范畴，团队之间的沟通如果不充分，很容易影响微观选址的质量。

12.3　结　　论

　　传统的风电项目前期管理方法由于没有详细的过程设计，无论从风机选型、项目投资决策还是最终的风机布置都不能达到最优。PDCA 过程管理法应用到项目前期管理过程使得前期工作更为细化，各个过程有各自的工作重点，通过监测点的监测能保证各过程的质量。PDCA 过程管理法不仅能保证各项工作更加科学、合理，而且能通过各个过程的过程监测，有效控制项目风险。通过 PDCA 管理法的执行，发现复杂地形风电项目前期管理工作中存在的漏洞，通过监测追踪，找到了各个过程的改进措施。

参 考 文 献

［1］ 国家发展和改革委员会应对气候变化司. 关于对中国风电发电量折减问题的说明［R］. 2009.

［2］ 曹云慧. 风力发电机组选型方法及流程［OL］. 北极星风力发电网. http://news. bjx.com.cn/html/20150928/668125.shtml.

［3］ 王明军，莫尔兵. 风电机组实际运行功率特性复杂性分析［J］. 风能，2015（08）：44－47.

［4］ 计鹏新能源. 浅谈风资源评估中的中尺度［EB/OL］. ［2016－05－17］. http://news.bjx. com.cn/html/20160517/733819.shtml.

［5］ 格林云. 畅谈"风切变"那些事儿［EB/OL］. ［2015－11－6］. http://news.bjx.com.cn/ html/20151106/678826.shtml.

［6］ 格林云. 湍流那些事儿［EB/OL］. ［2015－12－03］. http://news.bjx.com.cn/html/ 20151203/687946.shtml.

［7］ 呼津华，王相明. 风电场不同高度的 50 年一遇最大和极大风速估算［J］. 应用气象学报，2009，20（1）：108－112.

［8］ 盖峰，邹长宁，袁飞. 快速评估风电场 50 年一遇最大风速的算法［J］. 风能，2016（11）：84－85.

［9］ 黄勇. 风电场 50 年一遇最大风速计算方法的探讨［J］. 电力勘测设计，2016（7），增刊2：187－190.

［10］ 冯长青，杜燕军，包紫光，旋继新. 风能资源评估软件 WAsP 和 WT 的适用性［J］. 中国电力，2010，43（1）：61－65.

［11］ 张怀全. 风资源与微观选址：理论基础与工程应用［M］. 北京：机械工业出版社，2013.

［12］ 许昌，韩星星，薛飞飞，等. 风电场微观尺度空气动力学—基本理论与应用［M］. 北京：中国水利水电出版社，2018.

［13］ MICHAEL C. 风资源评估：风电项目开发实用导则［M］. 刘长浥，张菲，王晓蓉，译. 北京：机械工业出版社，2014.

［14］ 张明明. 风力机尾流模拟国内外发展概况［EB/OL］.［2012－08－23］. http://www.etp.ac.cn/hdzt/135zl/ghssdt/fnlyjs/201208/t20120823_3631457.html.

［15］ 阎俊岳，陈乾金，张秀芝，等. 中国近海气候［M］. 北京：科学出版社，1993.